ADORACIÓN

ADORACIÓN

LA RAZÓN POR LA QUE FUIMOS CREADOS

A. W. TOZER

EDITORIAL PORTAVOZ

La misión de *Editorial Portavoz* consiste en proporcionar productos de calidad —con integridad y excelencia—, desde una perspectiva bíblica y confiable, que animen a las personas a conocer y servir a Jesucristo.

Publicado originalmente en Estados Unidos por Moody Publishers, 820 N. LaSalle Blvd., Chicago, IL 60610 con el título *Worship*, copyright © 2017 por The Moody Bible Institute of Chicago. Traducido con permiso. Todos los derechos reservados.

Título en castellano: *Adoración* © 2022 por Editorial Portavoz, filial de Kregel Inc., Grand Rapids, Michigan 49505. Todos los derechos reservados.

Traducción: Nohra Bernal

EDITORIAL PORTAVOZ
2450 Oak Industrial Drive NE
Grand Rapids, Michigan 49505 USA
Visítenos en: www.portavoz.com

ISBN 978-0-8254-5800-2 (rústica)
ISBN 978-0-8254-6715-8 (Kindle)
ISBN 978-0-8254-7535-1 (epub)

1 2 3 4 5 edición / año 31 30 29 28 27 26 25 24 23 22

Impreso en los Estados Unidos de América
Printed in the United States of America

CONTENIDO

NOTA DEL EDITOR

A.W. Tozer fue un hombre que encontró al Dios vivo y se propuso como la meta más elevada de su vida adorarlo en espíritu y en verdad. Aparte de Dios, la adoración es quizá el tema de mayor importancia en los escritos de Tozer, y las once selecciones que encontrarás a continuación constituyen una pequeña muestra de sus enseñanzas acerca del tema.

El objetivo principal de Tozer como pastor y escritor fue ayudar a las personas a amar y adorar al Dios que las creó. Con vigor profético, nos insta a reconocer el llamado de Dios para que podamos vivir como Él lo planeó: en su presencia y para su gloria. Lo que encontrarás en las páginas siguientes es un llamado a reconocer que la adoración es la razón suprema por la cual fuimos creados, y que el objeto de nuestra adoración, el Dios trino, es mucho más grande de lo que podríamos imaginar. Como Tozer mismo dijo:

> Sí, adorar al Dios que es amor constituye la razón entera de la existencia del hombre. Es la razón por la que nacemos y por la que nacemos de nuevo de lo alto. Es el por qué hemos sido creados y el por qué hemos sido recreados. Es el por qué hubo un génesis en el principio, y otro génesis llamado regeneración. También es la razón por la cual existe una iglesia. La iglesia cristiana existe en primer lugar para adorar a

Dios. Todo lo demás debe venir en segundo o tercer o cuarto o quinto lugar.

Si bien estas son palabras de un hombre que murió hace décadas, son testimonio de la verdad eterna según la cual todo en esta vida y todas las ambiciones palidecen frente al privilegio de conocer y glorificar al único Dios verdadero que es Señor de todo. Tozer no quisiera que te centraras en él ni en su escrito, sino en el Dios Todopoderoso que ama en todo tiempo. Es mi deseo que la selección de este libro te guíe a Él y te inspire a adorarlo con asombro y gratitud.

¿QUÉ PASÓ CON NUESTRA ADORACIÓN?

Yo conozco tus obras, que ni eres frío ni caliente.
¡Ojalá fueses frío o caliente! Pero cuanto eres tibio,
y no frío ni caliente, te vomitaré de mi boca.

APOCALIPSIS 3:15-16

Las iglesias cristianas han llegado al tiempo peligroso del cual se profetizó en la antigüedad. Es un tiempo en el que podemos darnos palmaditas en la espalda, felicitarnos y declamar juntos: "Somos ricos, nos hemos enriquecido, ¡y de ninguna cosa tenemos necesidad!".

Ciertamente podemos afirmar que casi nada falta en nuestras iglesias de hoy, salvo lo más importante. Nos falta presentarnos como una ofrenda genuina y sagrada, y ofrecer nuestra adoración al Dios y Padre de nuestro Señor Jesucristo.

En el mensaje de Apocalipsis, el ángel de la iglesia de Laodicea presentó estos cargos y amonestaciones (3:17, 19): "Porque tú dices: Yo soy rico, y me he enriquecido, y de ninguna cosa tengo necesidad… Yo reprendo y castigo a todos los que amo; sé, pues, celoso, y arrepiéntete".

Mi lealtad y responsabilidad están, y estarán siempre, con las iglesias que creen en la Biblia, honran a Cristo y son de fuerte tendencia evangélica. Hemos avanzado. Hemos edificado grandes iglesias y grandes congregaciones. Ostentamos estándares elevados, y hablamos mucho acerca de avivamiento. Pero tengo una pregunta, y no es simple retórica: "¿Qué pasó con nuestra adoración?".

La respuesta de muchos es: "Somos ricos y no tenemos necesidad de nada. ¿Acaso no revela esto la bendición de Dios?". ¿Sabías que Jean-Paul Sartre, el tan citado autor, afirmó haberse volcado a la filosofía y la desesperanza como una manera de apartarse de una iglesia secular? Él dice: "En el Dios de moda que me enseñaron no reconocí a Aquel que esperaba mi alma. Yo necesitaba un Creador, ¡y a cambio me ofrecieron un gran hombre de negocios!".

A ninguno de nosotros nos preocupa lo suficiente la imagen que proyectamos a la comunidad que nos rodea. Al menos eso es lo que sucede cuando profesamos pertenecer a Jesucristo y no somos capaces de demostrar su amor y compasión como deberíamos. Los fundamentalistas y cristianos "ortodoxos" nos hemos ganado la reputación de ser "tigres": unos luchadores por la verdad. Nuestras manos están callosas por el uso de manoplas con que hemos combatido a los liberales. El significado de nuestra fe cristiana para un mundo perdido nos obliga a defender la verdad y luchar por la fe siempre que sea necesario.

Sin embargo, hay una estrategia mejor, incluso para enfrentar a quienes son liberales en su fe y en su teología. Podemos hacer mucho más por ellos actuando como Cristo, en lugar de golpearlos en la cabeza con nuestros puños, en sentido figurado. Los liberales nos dicen que no pueden creer en la Biblia. Nos dicen que no pueden creer que Jesucristo fue el unigénito Hijo de Dios. Al menos la mayoría de ellos son sinceros en esto. Además, estoy seguro de que maldecirlos no logrará que se arrodillen. Si somos guiados por el Espíritu de Dios y demostramos el amor de Dios que este mundo necesita, nos convertimos en "santos cautivadores".

Lo misterioso y maravilloso acerca de esto es que los santos verdaderamente amorosos y cautivadores ni siquiera se percatan de su atractivo. Los grandes santos de tiempos pasados no sabían que eran grandes santos. Si alguien se lo hubiera dicho, no lo habrían creído, pero aquellos a su alrededor sabían que Jesús vivía a través de ellos.

Pienso que nos volvemos santos cautivadores cuando los propósitos de Dios en Cristo se vuelven claros para nosotros. Eso somos, cuando empezamos a adorar a Dios porque Él es quien es.

> Si somos guiados por el Espíritu de Dios y demostramos el amor de Dios que este mundo necesita, nos convertimos en "santos cautivadores".

Al parecer, los cristianos evangélicos están a veces confundidos e inseguros acerca de la naturaleza de Dios y de sus propósitos en la creación y la redención. Cuando eso sucede, por lo general es culpa de los predicadores. Todavía existen predicadores y maestros que afirman que Cristo murió con el propósito de que no bebamos, ni fumemos, ni vayamos al teatro.

¡Con razón la gente está confundida! Con razón caen en el hábito de retroceder cuando se sostiene que tales cosas son la razón de la salvación.

¡Jesús nació de una virgen, sufrió bajo Poncio Pilato, murió en la cruz y resucitó del sepulcro para transformar rebeldes en adoradores! Todo esto por medio de la gracia. Nosotros somos los beneficiarios.

Puede que esto no suene espectacular, pero es la revelación de Dios, y la manera en que Dios lo hizo.

Otro ejemplo de nuestro razonamiento equivocado acerca de Dios es la actitud de muchos que consideran que Dios necesita nuestra beneficencia. Lo ven como una especie de dirigente frustrado que no logra encontrar ayuda suficiente. Se para junto al camino y pregunta quiénes pueden venir a ayudarle para empezar a hacer su obra.

Oh, ¡si tan solo recordáramos quién es Él! Dios nunca ha necesitado realmente a ninguno de nosotros, a nadie. Pero fingimos que así es, y nos asombramos cuando alguien accede a "trabajar para el Señor".

Todos deberíamos estar dispuestos a trabajar para el Señor, pero es un asunto de gracia de parte de Dios. Yo soy de los que piensa que no deberíamos preocuparnos por trabajar para Dios hasta que hayamos aprendido el significado y el deleite de adorarlo.

Un adorador puede trabajar en su obra con calidad eterna. En cambio, un obrero que no adora solo acumulará madera, paja y rastrojo para el momento en que Dios encienda el mundo con fuego.

Me temo que muchos que se dicen cristianos no quieren oír ese tipo de declaraciones acerca de su "ocupada agenda", pero es la verdad. Dios está tratando de llamarnos a volver a la esencia para la cual nos creó: ¡adorarlo y deleitarnos en Él para siempre!

Es solo entonces que, como fruto de nuestra profunda adoración, hacemos su obra.

Escuché a un rector universitario decir que la iglesia "padece un brote de falta de profesionalismo". Cualquier individuo flojo e inútil, carente de formación, de entrenamiento y de vida espiritual, puede iniciar una idea religiosa y encontrar una gran cantidad de seguidores que oyen, promueven y pagan por ello. Puede resultar evidente que, para empezar, dicha persona nunca había escuchado algo de Dios.

Esta clase de fenómeno sucede por doquier porque no somos adoradores. Si en verdad somos contados entre los adoradores, no desperdiciaremos nuestro tiempo en proyectos religiosos, carnales o mundanos.

Todos los ejemplos que tenemos en la Biblia ilustran que la adoración gozosa, ferviente y reverente constituye la ocupación normal de los seres morales. Cada atisbo que se nos ha revelado del cielo y de los seres creados es siempre un atisbo de la adoración, del gozo y de la alabanza porque Dios es Dios. En Apocalipsis

> **Dios está tratando de llamarnos a volver a la esencia para la cual nos creó: ¡adorarlo y deleitarnos en Él para siempre!**

4:10-11, el apóstol Juan nos presenta una sencilla descripción de los seres creados alrededor del trono de Dios. Así habla Juan de la ocupación de los ancianos:

> Los veinticuatro ancianos se postran delante del que está sentado en el trono, y adoran al que vive por los siglos de los siglos, y echan sus coronas delante del trono, diciendo: Señor, digno eres de recibir la gloria y la honra y el poder; porque tú creaste todas las cosas, y por tu voluntad existen y fueron creadas.

Puedo decir con toda seguridad, conforme a la autoridad de todo lo que está revelado en la Palabra de Dios, que cualquier persona en esta tierra que se aburre o pierde el interés en la adoración no está lista para el cielo. No obstante, puedo casi oír a alguien cuestionar: "¿Va Tozer a ignorar la justificación por la fe? ¿Acaso no hemos oído siempre que somos justificados y salvados, y vamos al cielo por la fe?". Te aseguro que Martín Lutero nunca creyó en la justificación por la fe con mayor vehemencia que yo. Creo en la justificación por la fe. Creo que somos salvos por medio de la fe en el Hijo de Dios como nuestro Salvador y Señor. Sin embargo, hoy día existe una connotación mortífera y automática acerca de ser salvo, la cual me molesta en gran manera.

Me refiero a connotación "automática", como quien dice: "Pon una moneda de cinco centavos de fe en la máquina, presiona la palanca y saca la tarjetita de salvación. Ponla en tu cartera, ¡y listo!". Después de eso, la persona puede decir: "Sí, soy salva". ¿Cómo lo sabe? "Puse la moneda. Acepté a Jesús y firmé la tarjeta". Muy bien. Nada tiene de malo firmar una tarjeta. Puede ser útil saber quién ha hecho la solicitud. Pero la verdad, hermano o hermana, es que Dios nos trae a Él y a la salvación a fin de que podamos adorarlo. No venimos a Dios para hacernos cristianos automáticos, cristianos fabricados en serie, cristianos sacados del mismo molde.

Dios ha provisto la salvación para que podamos ser, de forma individual y personal, hijos de Dios dinámicos, para que amemos a Dios con todo nuestro corazón y lo adoremos en la hermosura de la santidad.

Esto no significa, y no quiero decir, que todos debamos adorar de la misma forma. El Espíritu Santo no opera conforme a las ideas preconcebidas o las fórmulas de nadie. Pero sí sé que cuando el Espíritu de Dios nos visita con su unción, nos convertimos en un pueblo adorador. A algunos les puede resultar difícil admitirlo, pero cuando adoramos verdaderamente al Dios de toda gracia, de todo amor, de toda misericordia y de toda verdad, puede que no logremos complacer a todo el mundo al no quedarnos callados.

Recuerdo la descripción de Lucas de las multitudes aquel primer Domingo de Ramos:

Toda la multitud de los discípulos, gozándose, comenzó a alabar a Dios a grandes voces por todas las maravillas que habían visto, diciendo: ¡Bendito el rey que viene en el nombre del Señor; ¡paz en el cielo, y gloria en las alturas! Entonces algunos de los fariseos de entre la multitud le dijeron: Maestro, reprende a tus discípulos. Él, respondiendo, les dijo: Os digo que si éstos callaran, las piedras clamarían (19:37-40).

Permíteme hacer aquí un par de observaciones. Primero, no creo que el mucho ruido sea necesariamente la evidencia certera de que se está adorando a Dios. Cuando Jesús vino a Jerusalén presentándose como Mesías, se agolpó una gran multitud, y hubo mucho ruido. Sin duda, muchos de los que se unieron a los cánticos y la alabanza nunca habían cantado afinados. Siempre que hay un grupo de personas que canta, se sabe que algunos no entonan bien. Pero el punto de su adoración es que estaban unidos en alabanzas a Dios.

Cualquier persona en esta tierra que se aburre o pierde el interés en la adoración no está lista para el cielo.

Segundo, yo advertiría lo siguiente a quienes son cultos, callados, calmados, balanceados y sofisticados: si les avergüenza que algunos cristianos alegres en la iglesia exclamen "¡amén!", tal vez les haga falta entendimiento espiritual. Es frecuente encontrar santos que adoran a Dios en el cuerpo de Cristo que son un poco ruidosos. Espero que hayas leído algunos devocionales que nos dejó la amada anciana y santa inglesa, Lady Julian, que vivió hace más de 600 años.

Ella escribió que un día meditaba en cuán excelso y sublime era Jesús, y aun así estaba dispuesto a satisfacer los deseos más humildes del ser humano. Ella recibió tanta bendición en su ser que no pudo contenerse. Soltó un grito y alabó a Dios a viva voz, en latín. Traducida al español, la exclamación sería "¡Gloria a Dios!".

Ahora bien, si eso te incomoda, amigo, puede ser porque no conoces la clase de bendiciones espirituales y el deleite que el Espíritu Santo anhela derramar sobre los santos que adoran a Dios.

¿Has observado lo que dijo Lucas acerca de los fariseos cuando pidieron que Jesús reprendiera a sus discípulos por adorar a Dios con fuerte voz? Sus normas rituales probablemente les permitían susurrar las palabras "¡Gloria a Dios!", pero en realidad les atormentaba que alguien lo proclamara en voz alta.

En efecto, Jesús dijo a los fariseos: "Ellos están haciendo lo correcto. Dios mi Padre, el Espíritu Santo y yo merecemos ser adorados. Si los hombres y las mujeres no me adoran, ¡las rocas proclamarían mis alabanzas!".

Esos fariseos religiosos tan pulcros, refinados y delicados habrían caído pasmados si hubieran oído a las rocas recibir voz y alabar al Señor.

Pues bien, tenemos grandes iglesias y hermosos santuarios, y nos unimos al coro de "no tenemos necesidad de nada". Sin embargo, a todas luces resulta evidente que necesitamos adoradores.

Tenemos muchos hombres dispuestos a sentarse en nuestras juntas de iglesia pero que no tienen anhelo alguno de gozo espiritual, carecen de vida y nunca aparecen en la reunión de oración. Estos son los hombres que a menudo toman las decisiones acerca del presupuesto de la iglesia y de los gastos y acerca de dónde se ponen adornos en el nuevo edificio.

Estos son los hombres que dirigen la iglesia, pero es imposible llevarlos a la reunión de oración porque no son adoradores.

Tal vez no pienses que esto sea un asunto importante, pero en lo que a mí respecta eso te ubica en el otro bando.

Me parece que siempre ha existido una aterradora incongruencia en el hecho de que haya hombres que no oran ni adoran, y aun así dirigen muchas iglesias y determinan el curso que ellas toman.

Tal vez esto nos toque en lo más hondo, pero debemos confesar que, en muchas iglesias "buenas", delegamos la oración a las mujeres, y la votación a los hombres.

Puesto que no somos verdaderos adoradores, pasamos mucho tiempo en las iglesias poniendo a funcionar la maquinaria, quemando combustible y haciendo ruido, sin que esto nos lleve a ninguna parte.

Amado hermano, amada hermana, Dios nos llama a adorar, pero en muchos casos nos dedicamos al entretenimiento, como los teatros, solo que de segunda categoría.

Esa es nuestra situación, aun en las iglesias evangélicas, y no me importa decirte que la mayoría de las personas que pretendemos alcanzar nunca vendrán a una iglesia para ver un montón de actores aficionados realizando un espectáculo casero.

Déjame decirte que, aparte de la política, no hay otra esfera de actividad que tenga más palabras que hechos, más viento que lluvia.

¿Qué vamos a hacer frente a esta sublime y hermosa adoración que Dios requiere? En cuanto a mí, prefiero adorar a Dios que hacer cualquier otra actividad que exista en el mundo entero.

> Lo más hermoso de la adoración es que te prepara y te capacita para enfocarte en las cosas importantes que es menester hacer para Dios.

Ni siquiera intentaré decirte cuántos himnarios están apilados en mi estudio. Soy pésimo cantante, pero eso a nadie incumbe. ¡Dios piensa que soy una estrella de ópera!

Dios escucha cuando yo le canto los antiguos himnos franceses traducidos, los viejos himnos traducidos del latín. Dios escucha cuando yo entono los antiguos himnos griegos de la iglesia oriental, al igual que los hermosos himnos que tienen métrica, y algunas de las canciones más sencillas de Watts y Wesley, y todas las demás.

Hablo en serio cuando digo que preferiría adorar a Dios en vez de hacer cualquier otra cosa. Puede que tu respuesta sea: "Si adoras a Dios, no haces nada más".

Sin embargo, esto solo revela que no has hecho tu tarea. Lo más hermoso de la adoración es que te prepara y te capacita para enfocarte en las cosas importantes que es menester hacer para Dios.

¡Escúchame! Prácticamente toda gran obra que se ha llevado a cabo en la iglesia de Cristo desde el apóstol Pablo fue realizada por quienes han resplandecido con la radiante adoración a su Dios.

Un examen de la historia de la iglesia revelará que aquellos con ansias de adorar fueron también quienes se convirtieron en grandes obreros. Los grandes santos cuyos himnos cantamos tiernamente eran tan activos en su fe que debemos preguntarnos cómo lograban hacer tanto.

Los grandes hospitales nacieron en los corazones de hombres adoradores. Las instituciones mentales nacieron en los corazones de hombres y mujeres compasivos que adoraban. Cabe añadir que siempre que la iglesia ha salido de su letargo, se ha levantado de su sueño y se ha lanzado en las olas del avivamiento y la renovación espiritual, los adoradores han estado siempre detrás de ello.

Cometeríamos un error si retrocedemos y decimos: "Pero si nos entregamos a la adoración, nadie hará nada".

Antes bien, si nos entregamos al llamado divino de la adoración, todos harán más de lo que hacen en este momento. La única diferencia es que lo que hacen tendrá sentido y relevancia. Tendrá impreso el sello de la eternidad; será oro, plata y piedras preciosas, no madera, paja, y rastrojo.

¿Por qué deberíamos callar las maravillas de Dios? Deberíamos entonar junto con Isaac Watts uno de sus himnos de adoración:

> Bendice, alma mía, al Dios viviente,
> llama de vuelta tus pensamientos que vagan en redor.
> Que todos los poderes en mí se unan
> en obra y culto divino de adoración.
>
> Bendice, alma mía, al Dios de gracia.
> Sus favores demandan tu más suma alabanza.
> ¿Por qué las maravillas que Él ha obrado
> se han de perder en silencio, olvidadas?
>
> Que toda la tierra su poder confiese.
> Que toda la tierra su gracia adore.
> Los gentiles, con los judíos, se unirán
> en obra y culto divino de adoración.

No puedo hablar por mí, pero yo quiero ser contado entre los adoradores. No me conformo con pertenecer nada más a alguna máquina eclesial, por grande que sea, donde el pastor hace ruido y la pone a funcionar. Ya sabes, el pastor ama a todos y todos lo aman. Él tiene que hacerlo. Le pagan por ello.

Desearía que pudiéramos volver de nuevo a la adoración. Entonces, cuando las personas entren en la iglesia, sentirán de inmediato que se encuentran en medio de gente santa, del pueblo de Dios. Pueden testificar que "en verdad Dios está en este lugar".

2

LE HEMOS FALLADO A DIOS

*Esto, pues, digo y requiero en el Señor: que ya no andéis
como los otros gentiles, que andan en la vanidad de
su mente, teniendo el entendimiento entenebrecido,
ajenos de la vida de Dios por la ignorancia que
en ellos hay, por la dureza de su corazón.*

EFESIOS 4:17-18

Muchas personas sienten que "nacieron en la iglesia", y muchas están tan acostumbradas a sus tradiciones de iglesia que nunca se detienen a preguntarse: "¿Por qué hacemos lo que hacemos en la iglesia, y lo llamamos adoración?".

Parece que conocen muy poco, y quizá tienen todavía menos estima, de la clase de creyentes a quienes Pedro describe como "real sacerdocio, nación santa, especial tesoro".

Permíteme plantear entonces la pregunta que tantos hombres y mujeres con trasfondo religioso nunca logran hacerse: *¿Cuál es la* *verdadera definición de la iglesia cristiana? ¿Cuáles son los propósitos fundamentales por los cuales existe?*

Ahora permíteme responderla. Yo creo que la iglesia local existe para llevar a cabo, de manera colectiva, lo que cada creyente debería hacer individualmente, lo cual consiste en adorar a Dios. Es proclamar las excelencias de Aquel que nos llamó de las tinieblas a su luz admirable. Es reflejar las glorias de Cristo que hace resplandecer siempre sobre nosotros por medio de los ministerios del Espíritu Santo.

Voy a decirte algo que va a sonar extraño. Incluso a mí me suena extraño ahora que lo digo, porque no estoy acostumbrado a escucharlo en nuestras asambleas cristianas. *Somos salvos para adorar a Dios.* Todo lo que Cristo ha hecho por nosotros en el pasado, y todo lo que hace por nosotros en el presente apunta a ese propósito. Si negamos esta verdad y si decimos que en realidad la adoración no es importante, podemos inculpar nuestra actitud por el gran estancamiento en nuestras asambleas cristianas. ¿Por qué debería ser la iglesia de Jesucristo una escuela espiritual donde difícilmente alguien supera el primer grado de primaria?

Ya conoces la vieja broma acerca del hombre a quien preguntaron si era bien educado. "Debería serlo —respondió—. Pasé cinco años en cuarto grado". No causa gracia que una persona confiese que debería ser un buen cristiano porque ha pasado diecinueve años en segundo y tercer grado de comunión cristiana. ¿Cuándo ha descubierto alguien en las Escrituras que la iglesia cristiana se dedique al propósito de permanecer estáticos? ¿De dónde sale la idea de que, si eres cristiano y estás en la iglesia por fe, no necesitas crecer? ¿Con qué autoridad nos despreocupamos acerca de la madurez cristiana y del desarrollo espiritual?

Pregunta a las personas en la iglesia por qué se convirtieron, y te responderán: "¡Para poder ser felices, felices, felices! ¡Todos los que son felices digan 'amén'!". Esta situación no es un caso aislado. Lo mismo sucede en toda Norteamérica y en muchos otros lugares. Supongo que por todo el mundo estamos dedicados a evangelizar y formar a más pequeños de primer grado. Parece ser una idea brillante y aceptada que podemos mantener creyentes en primer grado hasta la venida del Señor, y que Él les delegará el gobierno sobre cinco ciudades.

Ahora bien, quienes me conocen saben bien que no he dicho estas cosas acerca de la iglesia en un esfuerzo por parecer listo o burlarme de la iglesia. Ciertamente no las he dicho con la intención de parecer "más santo que los demás". Vivimos tiempos en los que el Espíritu de Dios nos dice: "¿Qué tan sincera es tu preocupación por los perdidos? ¿Qué tan reales son tus peticiones por la iglesia de Cristo y su testimonio al mundo? ¿Cuánta carga siente tu alma por el bienestar espiritual de tu propia familia frente a las presiones de esta vida y la sociedad moderna?". Es un gran daño el que causamos a nuestros seres queridos y a la iglesia si no reconocemos cuán terribles son los días en que vivimos. ¿Eres tan insensato para creer y esperar que todo va a permanecer tal como ha sido, semana tras semana, mes tras mes, año tras año?

Es difícil para una iglesia orgullosa e indiferente funcionar como una iglesia madura, espiritual, que adora.

Es posible que sepamos más de historia canadiense, estadounidense y británica, que del resto del mundo. Sin embargo, conviene recordar la historia y la suerte de Roma. Roma, uno de los imperios más civilizados que el mundo ha conocido, cayó como un árbol podrido. Por fuera, todavía tenía fuerza militar y apariencia de poder. Pero por dentro, Roma se había desplomado. Roma se dio gusto en la gran abundancia de comida y bebida, en circos y placeres de todo tipo, y por supuesto, en lujurias desenfrenadas e inmoralidad. ¿Qué gran ejército derrotó a Roma? Roma cayó a manos de las hordas de bárbaros del norte; los lombardos, los hunos, los ostrogodos, gente que no era digna ni de limpiar los zapatos de los romanos. Roma se había engordado y debilitado, se había vuelto negligente y despreocupada. Y Roma murió. El Imperio romano de occidente terminó cuando el último emperador, Rómulo Augusto, fue derrocado en el año 476 d.C. La tragedia que tuvo lugar al interior de Roma es la misma clase de amenaza que puede dañar y poner en peligro una iglesia que en su interior es complaciente y mundana. Es difícil para una iglesia orgullosa e indiferente funcionar como una iglesia madura, espiritual, que adora. Siempre existe el peligro inminente de fallar delante de Dios.

Muchas personas que son leales a la iglesia y a las formas y tradiciones, niegan que el cristianismo actual sufra alguna dolencia. Sin embargo, es la hemorragia *interna* lo que produce muerte y deterioro. Podemos experimentar la derrota cuando sangramos demasiado por dentro. Recuerda las expectativas divinas de la iglesia cristiana, de los creyentes que forman el cuerpo invisible de Cristo. Nunca fue el plan de Dios que las iglesias cristianas degeneraran hasta el punto de empezar a funcionar como clubes sociales. La comunión de los santos que recomienda la Biblia nunca depende de la variedad de conexiones sociales en las que se apoyan las iglesias en estos tiempos modernos. La iglesia cristiana nunca fue diseñada para funcionar como un foro de temas de actualidad. Dios no tenía planeado que una revista popular de noticias sirviera allí como libro de texto, y como plataforma para iniciar y propagar discusiones seculares.

Puede que me hayas oído hablar acerca del teatro y la actuación, de fantasía e hipocresía. De ser así, no te sorprenderá que yo declare sin evasivas que el propósito de la iglesia de Jesucristo nunca fue convertirse en un teatro religioso. Cuando edificamos un santuario y lo consagramos a la adoración de Dios, ¿tenemos entonces la obligación de proveer un lugar en la iglesia para el entretenimiento y permitir a los aficionados exhibir su talento?

No puedo creer que al Dios santo, amoroso y soberano que nos ha dado un plan de salvación eterna fundado en los sufrimientos y la muerte de nuestro Señor Jesucristo pueda agradarle que su iglesia se convierta en eso. No somos lo bastante sabios ni santos para contradecir las muchas declaraciones bíblicas que revelan las expectativas de Dios acerca de su pueblo, la Iglesia, el Cuerpo de Cristo. Pedro nos recuerda que, como creyentes que valoramos la obra de Cristo a favor nuestro, somos linaje escogido, real sacerdocio, nación santa, pueblo adquirido por Dios. Pablo dijo a los atenienses que el creyente eficaz y obediente, el hijo de Dios, vive, se mueve y es en Dios. Si estamos dispuestos a reconocer que hemos sido llamados de las tinieblas para reflejar la gloria de Aquel que nos llamó, deberíamos también estar dispuestos a tomar los pasos necesarios para llevar a cabo nuestro supremo llamado y propósito como iglesia del Nuevo Testamento. Aspirar a menos constituye la falta más grande. Es fallarle a nuestro Dios. Es fallarle a nuestro Señor Jesucristo que nos ha redimido. Es una falla contra nosotros mismos y contra nuestros hijos. También es fallarle completamente al Espíritu Santo de Dios que ha venido desde el corazón de Jesús para hacer en nosotros las obras que Dios solo puede llevar a cabo por medio de un pueblo santificado y santo.

En este concepto global de la iglesia cristiana y de los miembros que la conforman, hay dos maneras en las que podemos fallarle a

Dios. Podemos decepcionarlo como iglesia al perder nuestro testimonio colectivo y, por lo general, esto viene acompañado de nuestro fracaso individual como cristianos.

Nunca fue el plan de Dios que las iglesias cristianas degeneraran hasta el punto de empezar a funcionar como clubes sociales.

Miramos a quienes nos rodean y echamos mano a uno de los argumentos más antiguos: "Bueno, esa clase de fracaso no podría suceder aquí, entre nosotros". Si somos cristianos comprometidos y personas de oración, recordaremos el patrón. En cualquier generación, si una iglesia se debilita y no lleva a cabo los propósitos de Dios, se alejará del todo de la fe en la siguiente generación. Es así como ocurre el declive en la iglesia. Es así como viene la apostasía. Es así como se abandonan los fundamentos de la fe. Es así como afloran las ideas liberales y falsas acerca de la sana doctrina cristiana. Es grave y trágico el hecho de que una iglesia pueda, de hecho, fracasar. El fracaso vendrá cuando ya no sea una iglesia cristiana. Los creyentes que permanecen sabrán que la gloria se ha marchado.

En los días de peregrinación de Israel, Dios proveyó la nube visible durante el día y la columna de fuego en la noche como testimonio y evidencia de su gloria y protección constante. Si Dios todavía diera las mismas señales de su presencia constante, me pregunto cuántas iglesias tendrían la nube de aprobación durante el día y fuego en la noche. Si tienes un poco de percepción espiritual, sobra decir que en nuestra generación y en cada comunidad, grande o pequeña, hay iglesias que quedan solamente como monumentos de lo que fueron en el pasado. La gloria se ha marchado. El testimonio de Dios, de la salvación y de la vida eterna no son más que un sonido incierto. El monumento está allí, pero la iglesia ha fracasado. Dios no espera que nos demos por vencidos, que cedamos, que aceptemos la iglesia tal como es y pasemos por alto lo que sucede. Él espera que sus hijos creyentes midan la iglesia conforme a la medida y a las bendiciones prometidas en la Palabra de Dios. Luego, con amor, reverencia y oración, y con la guía del Espíritu de Dios, intentaremos con toda paciencia y discreción alinear la iglesia con la Palabra de Dios. Cuando esto empieza a suceder y la Palabra de Dios ocupa su lugar prioritario, la presencia del Espíritu Santo empezará de nuevo a brillar en la iglesia. Eso es lo que mi corazón anhela ver.

Ahora bien, el segundo aspecto trata de individuos que le fallan a Dios. Dios ha tenido sus propósitos desde la creación de cada hombre y de cada mujer. Dios quiere que experimentemos el nuevo nacimiento de lo alto. Él quiere que conozcamos el significado de nuestra salvación. Él quiere que seamos llenos de su Espíritu. Él quiere que entendamos el significado de la adoración. Él quiere que reflejemos la gloria de Aquel que nos llamó a su luz admirable. Si fallamos en esto, ¡habría sido mejor que no hubiéramos nacido! Los hechos lo dicen todo, no hay vuelta atrás. Después que hemos nacido de lo alto, no hay vuelta atrás. Somos responsables, debemos rendir cuentas a Dios. Qué gran tragedia es ser una higuera sin fruto, aparentar tener hojas y crecer ¡pero nunca producir fruto! Qué terrible saber que Dios se había propuesto que reflejáramos su hermosa luz, ¡y tener que confesar que somos inútiles, espejos rotos que no reflejan nada!

Ten por seguro que seremos conscientes de nuestra pérdida, amigo mío. Lo seremos. Lo más aterrador y sorprendente de nosotros los seres humanos es la consciencia eterna que Dios ha puesto en nosotros. Es una consciencia, una percepción, una sensibilidad que Dios mismo nos ha dado. Es un don a la humanidad, esa consciencia, una capacidad para sentir. Si no la hubiéramos recibido, nada podría hacernos daño porque nunca seríamos conscientes de ello. El infierno no sería infierno si no fuera por la consciencia que Dios ha dado a los hombres y a las mujeres. Si los seres humanos fueran nada más a dormir en el infierno, ciertamente el infierno no sería infierno.

> Cuando... la Palabra de Dios ocupa su lugar prioritario, la presencia del Espíritu Santo empezará de nuevo a brillar en la iglesia.

Mi hermano o hermana, da siempre gracias a Dios por los preciosos dones de la sensibilidad y la consciencia, y por la capacidad humana de elegir que Él te ha dado. ¿Eres un creyente fiel allí donde Él te ha puesto? Si Dios te ha sacado de las tinieblas a su luz, deberías adorarlo. Si Él te ha mostrado que estás llamado a manifestar la excelencia, la virtud y la belleza del Señor que te ha llamado, entonces deberías adorarlo en humildad y gozo con la bendición y el resplandor del Espíritu Santo en tu vida.

Es triste que los seres humanos no siempre trabajamos con alegría para Dios en el lugar que Él nos ha señalado. Incluso permitimos que asuntos insignificantes e incidentes menores interfieran en nuestra comunión con Dios y en nuestro testimonio espiritual para Aquel que es nuestro Salvador.

Una vez tuve la oportunidad de predicar en otro púlpito, y después del servicio me senté en un restaurante con el pastor. Un hombre se acercó a nuestra mesa con su esposa, y se detuvieron un momento para hablar. "Me gustó escucharlo hoy, señor Tozer —dijo—. Fue como en los viejos tiempos". Había lágrimas en sus ojos y una suavidad en su voz cuando rememoraba un pequeño incidente en nuestra iglesia años atrás. "Neciamente me aparté, y hoy fue un recordatorio de lo que he perdido", dijo. Luego se disculpó, y la pareja se despidió.

El hombre era plenamente consciente de las consecuencias de las malas decisiones y de los juicios precipitados que tomó sin la dirección del Espíritu de Dios. Yo sé muy bien que él no se refería a mi sermón ni a mi predicación. Él estaba hablando acerca de la fidelidad a la Palabra de Dios. Se refería a la comunión dulce y grata entre aquellos que aman al Señor. Se refería a la pérdida de algo intrínseco y hermoso que solo experimentamos cuando obedecemos a la verdad revelada de Dios.

No hay límites para lo que Dios puede hacer por medio de nosotros si somos un pueblo rendido y purificado que adora y manifiesta su gloria y su fidelidad. Debemos también ser sensibles a lo que el pecado y la impureza están causando a nuestro alrededor. El pecado no reconoce ninguna clase de límites o fronteras. El pecado no opera de manera exclusiva en los barrios marginales. Dondequiera que estés, sea en los suburbios o en el campo, el pecado es pecado. Y dondequiera que hay pecado, el diablo arrasa y los demonios invaden.

En esta clase de mundo pecaminoso, ¿qué vas a hacer con la luz y la consciencia espiritual que Dios te ha dado? ¿Cómo reflejas a Dios en tus amistades, en tus diversiones, en las complejidades de tu día a día? Los psicólogos vienen diciéndonos hace un tiempo que nos libraremos de muchos problemas si logramos llegar al punto en el cual nuestra religión deje de "molestarnos". Se nos dice que podemos disipar casi todos nuestros problemas personales si logramos desprendernos de nuestro complejo de culpa. Estoy agradecido porque Dios nos ha creado con una consciencia eterna, y porque Él sabe cómo depositar en nosotros la medida justa de cuidado y preocupación.

Las personas me buscan para recibir consejo y guía espiritual, pero es poco lo que puedo hacer por ellas. Cuando una persona ha logrado someterse y obedecer a Dios, Él promete que dará a esa persona todo el consuelo que necesita.

No hay límites para lo que Dios puede hacer por medio de nosotros si somos un pueblo rendido y purificado que adora y manifiesta su gloria y su fidelidad.

Después de mi llegada a Toronto, una mujer joven, culta y atractiva programó una cita para verme en mi oficina. Cuando llegó, hablamos un poco para conocernos, y luego abordó el tema de su consulta. Ella dijo que estaba preocupada por sus relaciones homosexuales con su compañera de habitación. Me dijo que ya había hablado con otros profesionales al respecto. Según percibí claramente, ella esperaba que yo le asegurara que sus acciones eran permisibles en nuestros días. En lugar de eso, la miré directamente a los ojos. "Jovencita —dije—, usted es culpable de sodomía, y Dios no va a darle ninguna aprobación ni consuelo hasta que usted se aparte de su pecado conocido y busque su perdón y limpieza".

"Supongo que necesitaba oír eso", admitió.

Como ministro y consejero cristiano, me resultaba imposible consolar y animar a esa joven, y aliviar y mitigar el sufrimiento de la culpa que experimentaba dentro de su ser. Tendrá que soportarlo hasta que decida confesar su pecado y sumergirse por la fe en el torrente limpiador lleno de la sangre que derramó Emanuel.

Ese es el remedio, ese es el consuelo y la fortaleza necesaria que Dios ha prometido a aquellos cuya consciencia y sensibilidad los guían al arrepentimiento, al perdón, y a la restauración. Dios nos asegura de muchas maneras que su pueblo que lo adora será un pueblo purificado, un pueblo que se deleita en las disciplinas espirituales de una vida agradable a Dios. Nadie que ha encontrado las bendiciones de la pureza y de gozo en el Espíritu Santo puede ser derrotado jamás. Ninguna iglesia que ha descubierto el deleite y la satisfacción de la adoración que brota naturalmente del amor y la obediencia a Dios puede perecer jamás.

NUESTRA RAZÓN DE EXISTIR

Y deseará el rey tu hermosura; e inclínate
a él, porque él es tu señor.

<small>SALMO 45:11</small>

Dios nos hizo para adorar. Es la razón por la cual fuimos creados. Todo tiene su razón de ser. Nosotros tenemos esta razón: poder adorar al Padre Todopoderoso, Creador del cielo y de la tierra. Y hemos pecado y perdido la gloria, y hemos caído, y la luz salió de nuestros corazones y dejamos de adorar a Dios. Y entregamos nuestro amor a las cosas de abajo.

Aun así, Dios envió a su Hijo Unigénito. Él nació de la virgen María, sufrió bajo Poncio Pilato, fue crucificado, muerto y sepultado, y se levantó de los muertos al tercer día. Y se sentó a la diestra de la Majestad en los cielos a fin de restaurarnos para que pudiéramos volver a adorar. De hecho, no solo nos vuelve a restaurar para que adoremos, sino que nos exaltó porque Cristo es superior a Adán. Porque lo único que podíamos hacer en Adán era ser iguales a él pero, en Cristo, Él nos exalta hasta que seamos semejantes a Él. Así que la redención es, en efecto, un mejoramiento de la creación.

Él nos redime a fin de que podamos volver a adorar y retomar nuestro lugar sobre la tierra junto con los ángeles en el cielo, las bestias y las criaturas vivientes. Nos redime para que nuestros corazones puedan sentir y expresar, a nuestra manera, esa percepción de nuestra bajeza y aun así el deleite de temor reverente, sobrecogimiento y amor conmovedor en presencia de ese misterio antiguo, esa majestad inefable, ese Anciano de días. Y quiero que notes que dije "ese... esa... ese...". ¿Por qué no me referí a "Él"? Porque el corazón humano en su condición presente, en presencia del misterio, siempre señala *algo* antes de reconocer a *alguien*. En 1 Juan, el Espíritu Santo dice:

> Lo que era desde el principio, lo que hemos oído, lo que hemos visto con nuestros ojos, lo que hemos contemplado, y palparon nuestras manos tocante al Verbo de vida (porque la vida fue manifestada, y la hemos visto, y testificamos, y os anunciamos la vida eterna, la cual estaba con el Padre, y se nos manifestó); lo que hemos visto y oído, eso os anunciamos (1:1-3).

El apóstol habló inspirado y dijo "lo que... lo que... lo que...", en vez de decir "a quien... a quien... a quien...". En presencia del misterio insondable, el corazón humano se asoma y explora, siente y dice algo. Y siempre dice *algo* antes de poder decir *alguien*.

¿Por qué dijo Juan "lo que" en vez de decir "el que"? Porque a la raíz del pensamiento humano hay un *esto*. A la raíz del pensamiento humano hay un *eso*. Y el corazón humano busca la sustancia original, busca ser, busca la empatía.

En latín, la palabrita *esse* quiere decir "ser" o "ser propiamente dicho". Es lo que el corazón lucha por encontrar. En medio del torbellino de humanidad y pecado, de tiempo y espacio, el hombre lucha por encontrar la roca del ser, la roca de *esse*, lo esencial, el ser propiamente dicho. Y nuestros padres sabían esto cuando hablaban acerca de la sustancia o la esencia del Padre, o cuando decían que el Espíritu era la esencia del Padre, o cuando decían que el Espíritu era la misma esencia del Padre y el Hijo.

Dios nos hizo para adorar. Es la razón por la cual fuimos creados.

El primer impulso del corazón humano es por aquella roca del ser donde Él dice: "la cual estaba con el Padre". Conforme pensamos y oramos, leemos y meditamos en la Palabra de Dios, ese "lo que" se convierte en "Él". Y Jesús dijo: "Vosotros, pues, oraréis así: Padre nuestro que estás en los cielos..." (Mt. 6:9).

En el siglo XVII vivió un hombre llamado Blaise Pascal. Pascal fue quizá la mente más brillante que existió en el siglo XVII, y personalmente pienso que es la mente más grande que haya producido Francia jamás, aunque tal vez no me corresponde pronunciarme en este asunto. Se requiere una gran medida de erudición para afirmarlo con certeza. Sin embargo, este hombre pasó a la historia y aparece en todos los libros y enciclopedias, en las historias de la ciencia y las matemáticas probablemente como el pensador más notable del siglo XVII. Fue científico, matemático, y filósofo. No escribió mucho, pero lo que escribió fue seminal. Llegó como la semilla de Dios en las mentes de los hombres. Pues bien, este hombre deslumbró al mundo de la academia con su obra en matemáticas, particularmente en geometría, cuando apenas superaba los veinte años. Sin embargo, Pascal se interesó más adelante en la teología, y luego encontró a Dios y se volvió cristiano. Y mientras proseguía su trabajo científico, empezó a escribir acerca de Dios, de Cristo, de la redención, y de la revelación. Escribió con tan asombrosa claridad y entendimiento que sorprendió a los eruditos universitarios de su tiempo.

La ciencia es grandiosa, la filosofía lo es más, la teología aún más, y la adoración es la más grande de todas.

Pascal escribió un breve testimonio, el cual dobló, guardó cerca de su corazón, y llevó allí toda su vida, cerca de su corazón. Este es un pequeño aparte del testimonio. No es muy extenso, pero te doy solo un fragmento del texto. Una parte está escrita en latín, y el resto está traducido al inglés, y allí Pascal dice: "Desde cerca de las diez y media de la noche hasta un poco más allá de la media noche, fuego...". Y se detiene. No sigue. Solo se detiene, y entonces ora: "Oh, Dios de Abraham, Dios de Isaac, Dios de Jacob, no de los filósofos ni de los sabios. Seguridad, seguridad, gozo real, paz, el Dios Jesucristo será mi Dios".

Imagina a una de las mentes más notables de los últimos mil años llevando esto cerca de su corazón. El desprendimiento del mundo y de todo excepto de Dios solo puede ser hallado en la vida que enseña el evangelio. "Oh, Padre justo, el mundo no te ha conocido, pero yo te he conocido. Gozo, gozo, gozo, gozo, lágrimas de gozo". Él guardó esto junto a su corazón mientras escudriñaba los cielos y escribía sus célebres libros. Repudió al dios del pensador y del filósofo, y buscó al Dios y Padre de nuestro Señor Jesucristo, que solo puede ser hallado en las enseñanzas del evangelio. "Fuego, Fuego —dijo—, desde las diez y treinta hasta las doce y treinta. Por causa de Él repudié al mundo...".

En Lucas 2:11, el ángel dijo: "os ha nacido hoy, en la ciudad de David, un Salvador, que es Cristo el Señor". Ahora viene la dicha y el asombro de la revelación y la manifestación. Y a la mente sedienta e inquisitiva que busca anhelosamente ese "que", esa sustancia y esencia, y ese ser, los ángeles cantan. Él es tu Señor. Adórale.

Dios nos ha dado pues este objeto de nuestra adoración. Él es persona, pero también ser. Él es uno, pero también es *lo que*, aquel misterio antiguo, aquella majestad inefable en cuya presencia los ángeles tiemblan y las criaturas que han contemplado durante siglos el mar de fuego pliegan sus alas y exclaman: "Santo, santo, santo es el Señor de los ejércitos" (Is. 6:3).

Quiero hablar acerca de dos cosas sobre las cuales Él es Señor.

Él es Señor de todo, y esto lo encontrarás en el libro de Hechos. "¡Él es Señor de todo!", dijo el hombre, Pedro (Hch. 10:36). Y Él es el Señor de todo ser. Lo que he dicho es tan ortodoxo como Agustín, y tan evangélico como Dwight Moody. Así que no imagines que simplemente porque utilizo cierto lenguaje que te resulta desconocido estoy diciendo algún disparate. Él es Señor de todo ser. Es decir, Él no es el Señor de todos los seres. Esa sería una manera ordinaria de decirlo. Señor de todos los seres es como una especie de jefe sobre los seres. No. Él es eso, pero no fue lo que el hombre quiso decir o dijo. Él es el Señor de todo ser. Él es Señor del concepto de ser. Él es el Señor de toda posibilidad de ser. Él es eso y eso es Él. Y Él es el Señor de toda existencia real, y Él es el Señor.

Así pues, amigos míos, cuando lo adoramos a Él, abarcamos toda ciencia y toda filosofía. La ciencia es grandiosa, la filosofía lo es más, la teología aún más, y la adoración es la más grande de todas. Porque la adoración se extiende más allá de los límites de la ciencia, más allá de lo que el pensamiento humano puede penetrar, de todas las expresiones teológicas, y de la realidad. Y cuando el cristiano se pone de rodillas, tiene una reunión en la cima. No puede elevarse más allá de eso. No hay un arcángel que pueda llegar más alto que él. No hay querubín que pueda elevarse más que él, porque él está adorando ese misterio imponente, esa majestad sobrecogedora en humilde amor y deleite. Está adorando a su Dios.

La renuncia a todo es parte del nuevo nacimiento del cristiano.

Te digo, pues, que cuando el Señor nos llama, no nos llama simplemente a renunciar a unas pocas cosas y cuidarnos de hacer malas cosas. La renuncia a todo es parte del nuevo nacimiento del cristiano. Nace de nuevo a fin de poder entrar y pasar por la vía salpicada de sangre, y entonces encontrar aquello que las mentes de los hombres han buscado y buscan.

Recuerdo cuando un anciano descendió de las colinas de Tisbi vestido de piel de camello y los lomos ceñidos con un cinturón de cuero. Nunca había visto a un rey, y jamás había estado en un palacio. Los pinos habían sido su templo, y el sonido del viento su órgano. Las estrellas en la noche le habían hablado y susurrado del Señor Dios de sus padres. Y él conocía la Palabra, pero entró con valentía en presencia del rey degenerado y decadente y dijo: "Soy Elías. Estoy en la presencia del Señor". Estaba harto de terciopelo real, harto de cetros y coronas, y de ordinarias sillas de barbero a las que llamaban tronos. Estaba hastiado, y dijo: "He pasado este año delante de la presencia del Anciano de días, y no temo a los reyes. Vengo con un mensaje: no habrá lluvia". Luego desapareció, saliendo con ruda dignidad de la presencia de aquel rey títere. No era más que un utensilio barato en manos de la idólatra mujer adoradora de Baal llamada Jezabel.

Así que cuando el mundo entero estalló de emoción exclamando: "¡Oh, han lanzado un satélite al espacio!". Pues son buenos en satélites. Tienen muchos ya. Y estoy harto de eso. He estado en la presencia de Aquel que rodea los universos y los sostiene en su mano. Él llama las estrellas por su nombre y las dirige, como un pastor que guía a sus ovejas, a través de los cielos. ¿Entonces voy a postrarme y adorar y decir: "¡Qué maravilloso!"? Yo adoro al Señor del sol y las estrellas, de todo el espacio y el tiempo, y de toda la materia y el movimiento. Por lo tanto, no me emociona mucho aquello. Él es el Señor de todo ser, no de los filósofos ni de los sabios, sino el Dios revelado, el Dios que se revela, el Dios de Abraham, de Isaac y de Jacob, el Dios y Padre de nuestro Señor Jesucristo. Y puesto que Él es el Dios de todo lo que existe, es el enemigo de la no-existencia. Por consiguiente, cuando aparece algún sujeto con un libro lleno de coloridas ilustraciones que pasa por el andén y quiere echarte un discurso, cierra la puerta. Sí, amablemente, como un cristiano, pero ciérrala, porque él quiere hablarte de aniquilación. En la Biblia no se encuentra esa clase de idea sobre aniquilación. El Señor de todo lo que existe es el enemigo de la no-existencia. Y Dios nada tiene que ver con la no-existencia. Él solo sabe existir.

Él es también el Señor de la vida. Y vuelvo a citar a Juan:

> Lo que era desde el principio, lo que hemos oído, lo que hemos visto con nuestros ojos, lo que hemos contemplado, y palparon nuestras manos tocante al Verbo de vida (porque la vida fue manifestada, y la hemos visto, y testificamos, y os anunciamos la vida eterna, la cual estaba con el Padre, y se nos manifestó); lo que hemos visto y oído, eso os anunciamos, para que también vosotros tengáis comunión con nosotros; y nuestra comunión verdaderamente es con el Padre, y con su Hijo Jesucristo (1:1-3).

He aquí pues el Padre de toda vida. "Él es Señor de todo", dijo Pedro. "Inclínate a Él, porque Él es tu Señor", dijo David. Él es la única fuente de vida. No hay ninguna otra vida, y Él es la fuente de esa vida. Toda la luz que conocemos viene del sol. Eso es lo único que sabemos. Supongo que las estrellas emanan luz y todo, pero estamos hablando ahora como personas comunes que miran el sol. Toda la luz proviene del sol, y por eso toda vida proviene de Dios y de Jesucristo, el Hijo. Y cuando el hombre de Dios dijo: "Tú la fuente de vida eres, dame más y más de ti", era como Elías sobre el monte Tisbi. Pasó por Shakespeare y Homero, pasó por los filósofos y los sabios, dejándolos atrás, para adorar en la presencia del Señor de toda vida.

Tú la fuente de vida eres,
dame más y más de ti;
brota en mi corazón,
llévame a la eternidad.

Si vas a una biblioteca corriente, no encontrarás líneas más sublimes. Los libros, los dramas y todas las celebridades, todos terminan cuando llega el sepulturero. Este hombre dice: "Brota en mi corazón; llévame a la eternidad". Cuando las estrellas se han apagado y todos los soles se han extinguido, todavía estaremos con Él. Porque Él es el Señor de vida, Él es el Señor de toda clase de vida, y no hay vida que no provenga de Él. Y puesto que Él es el Señor de vida, es el enemigo de la muerte.

Mas ahora Cristo ha resucitado de los muertos; primicias de los que durmieron es hecho. Porque por cuanto la muerte entró por un hombre, también por un hombre la resurrección de los muertos. Porque así como en Adán todos mueren, también en Cristo todos serán vivificados. Pero cada uno en su debido orden: Cristo, las primicias; luego los que son de Cristo, en su venida. Luego el fin, cuando entregue el reino al Dios y

Padre, cuando haya suprimido todo dominio, toda autoridad y potencia. Porque preciso es que él reine hasta que haya puesto a todos sus enemigos debajo de sus pies. Y el postrer enemigo que será destruido es la muerte (1 Co. 15:20-26).

Puesto que Él es el Señor de vida, es el enemigo de la muerte. Y Él descendió y entró en esa cueva donde gruñó la muerte y cerró de un chasquido su quijada, y allí permaneció con ella en la oscuridad. Nosotros hablamos de una cruz en un monte, pero fue una cueva donde permaneció el dragón. Él rompió su quijada ruin, y se levantó al tercer día. Arrojó sus dientes en todas las direcciones, a fin de que nunca más fueran juntados. Él es el enemigo de la muerte, el enemigo de mi muerte y el enemigo de la tuya. Él es el Señor de vida.

> **Puesto que Él es el Señor de vida, es el enemigo de la muerte.**

¿Qué significa esto para nosotros? Encontré este viejo escrito de un alemán:

> Jesús vive, así que viviré.
> ¡Muerte! ¡Tu aguijón ha desaparecido para siempre!
> El que se dignó a morir por mí
> vive, para romper los lazos de la muerte.
> Él me levantará del polvo:
> Jesús es mi esperanza y mi confianza.

Esto es lo que significa. Jesús vive y ahora la muerte no es más que la entrada a la gloria.

> Ten valor, alma mía, porque tienes,
> delante de ti, una corona de vida;
> tus esperanzas serán cumplidas;
> Jesús es la confianza del cristiano.

El hermano que escribió era evangélico y un evangelista. No pudo concluir su himno sin dar al pobre pecador la oportunidad de entrar. Dijo entonces que Jesús vive y que Dios extiende su gracia a cada pecador que decide regresar. Él recibe a los rebeldes como amigos y los exalta hasta el lugar de mayor honra. Dios es tan verdadero como justo; Jesús es mi esperanza y mi confianza.

De eso se trata, mi hermano. Desearía que el mundo pudiera escucharlo. Me gustaría decírselo al mundo entero. Me gustaría que se difundiera por todas partes. Me gustaría que estas ideas se grabaran en la mente de los hombres hasta que amanezca un nuevo día en los círculos evangélicos.

Recuerdo lo que dijo John Keats: "Temo dejar de ser antes de que mi pluma logre plasmar mi incontenible cerebro". Y así fue. El incontenible cerebro que movió su pluma para escribir sus poemas imperecederos se apagó a los veinticuatro años.

Lo mismo expresó Pascal, cuyas palabras "fuego, fuego, gozo, gozo, lágrimas de gozo" he citado, también dijo: "Voy a escribir para que el mundo entienda". Me gustaría tener la capacidad de hacer oír mi voz por todo el mundo a los pobres, a la pobre iglesia que vive de ficciones baratas, de sonrisas y reverencias a celebridades conversas, de canciones ordinarias acerca de "Antes fumaba, ya no. Antes me embriagaba, ya no". Gracias a Dios que tú no, hermano. Es más económico, y también saludable. Pero si ese es tu concepto de cristianismo, ni siquiera has visto las puertas del atrio exterior, mucho menos el lugar santísimo.

Contemos la historia completa. ¡Digámosle al mundo por qué murió el Señor y por qué vive! Contemos cómo un pueblo que, habiendo sido creado para adorarlo y habiendo perdido su harpa, su voz e incluso su deseo de adorar, ahora ha sido hallado, renovado, revivido, y ha recuperado su capacidad de adorar. Y esto funciona, mis hermanos. Funciona.

En 1935, un hombre llamado Jeffery se trasladó de Indochina a un país llamado Borneo. Allí encontró cazadores de cabezas, hombres que lanzaban flechas envenenadas con pistolas de aire. Cazaban cabezas, las encogían y las colgaban. Y él fue allí y oró, y casi muere una noche. Pero perseveró en oración, y Dios empezó a obrar. Los cazadores de cabezas empezaron a convertirse, al igual que muchos hombres de toda la región. Construyeron sus capillas, tiraron sus ídolos, y con gozo recolectaron todas esas cabezas encogidas y las lanzaron al río, que las arrastró hasta el mar.

Ahora en su idioma hablan de "Yesu", Jesucristo el Hijo de Dios. Funciona, amigos míos. Él los salvó de la costumbre de cazar cabezas. Pero no se trata solo de lo que los salvó, ¡sino de para qué los salvó! Para arrodillarse en una humilde capilla de bambú y adorar al Señor Dios Todopoderoso, Creador del cielo y de la tierra, y a Jesucristo su Único Hijo. ¡Para eso los salvó! Y eso es lo único que importa.

Jesús vive y ofrece a los pecadores que se vuelven a Él un lugar en su corazón. Él puede ponerle cuerdas nuevas a tu arpa y devolverte tu órgano para que puedas interpretar los himnos y unirte al coro de las huestes celestiales. Querido Dios, cuánto se ha apartado la iglesia, y cuán lejos estamos todos de ser la clase de cristianos que deberíamos ser. Quita lo mundano en nosotros. Quita la necedad de la simiente caída de Adán. Vuelve tus ojos a Jesús, el Cordero de Dios. Tu mente y tu corazón serán limpiados. Confía en que el Espíritu Santo vuelva a llenar de adoración tu corazón y tu espíritu, para que puedas, junto con los ángeles y todos los redimidos, los profetas y mártires, entonar los cánticos del Padre, del Hijo que derramó su sangre por ti, y del Espíritu Santo que es el Espíritu del Padre y del Hijo.

4

LA VERDADERA ADORACIÓN REQUIERE EL NUEVO NACIMIENTO

Pero Dios, que es rico en misericordia, por
su gran amor con que nos amó, aun estando
nosotros muertos en pecados, nos dio vida
juntamente con Cristo (por gracia sois salvos).

EFESIOS 2:4-5

En nuestros días existen muchas ideas extrañas acerca de Dios y, por consiguiente, existen toda clase de reemplazos de la adoración verdadera.

Con frecuencia, he escuchado a alguien dentro de la iglesia cristiana hacer la triste confesión: "Supongo que en realidad no sé mucho acerca de Dios". Si esa es una confesión sincera, tal individuo debería entonces tener la franqueza para hacer una confesión paralela: "Supongo que no sé mucho acerca de adoración". En efecto, las creencias acerca de la persona y de la naturaleza de Dios han cambiado tanto, que hay entre nosotros personas a quienes les resulta fácil vanagloriarse de los beneficios que reciben de Dios, ¡sin siquiera pensar ni desear conocer el verdadero significado de la adoración!

Yo reacciono de inmediato a esta comprensión equivocada y extrema de la verdadera naturaleza de un Dios santo y soberano. Mi primera reacción es pensar que lo último que Dios desea son cristianos superficiales y mundanos que alardean acerca de Él. La segunda, que no se reconoce el deseo supremo de Dios de que cada uno de sus hijos creyentes lo ame y lo adore de tal manera que estemos continuamente en su presencia, en Espíritu y en verdad.

Ese es, de hecho, el acto de adorar. Algo maravilloso, milagroso y transformador sucede dentro del alma humana cuando se invita a Jesucristo a tomar el lugar que le corresponde. Eso es exactamente lo que Dios planeó cuando puso en marcha el plan de salvación. Su propósito fue convertir a los rebeldes en adoradores, restaurar a los hombres y a las mujeres al lugar de adoración que conocieron nuestros primeros padres cuando fueron creados.

Si conocemos este resultado como una realidad bendita en nuestra propia vida y experiencia personal, es evidente que no nos limitaremos simplemente a esperar que llegue el domingo para poder "ir a la iglesia y adorar".

La verdadera adoración a Dios debe ser una actitud constante y permanente, o un estado de mente en el interior del creyente. Siempre será un reconocimiento bendito y constante de amor y adoración, sujeto en esta vida a diferentes grados de perfección e intensidad.

Ahora bien, debemos exponer el lado positivo del concepto generalizado de adoración. A diferencia de gran parte de lo que se dice y se practica en las iglesias, ¡la verdadera adoración a Dios no es algo que "hacemos" con la esperanza de parecer religiosos! Es indiscutible que muchas personas cuyo anhelo más profundo es ser contados entre los que son "sensibles a la religión", ponen su énfasis semanal en la asistencia fiel al "servicio de adoración".

La verdadera adoración a Dios debe ser una actitud constante y permanente, o un estado de mente en el interior del creyente.

¿Qué revelan las Escrituras al respecto cuando consideramos la realidad de la comunión entre Dios y sus hijos redimidos? Lo que aprendemos es muy sencillo y alentador. Dado que somos hechos a su imagen, tenemos en nuestro interior la capacidad de conocer a Dios y el impulso de adorarlo. En el instante mismo en que el Espíritu de Dios nos ha despertado a su vida mediante la regeneración, ¡todo nuestro ser percibe su afinidad con Dios y nos lanza a reconocerlo con gozo!

La respuesta dentro de nuestro ser, una respuesta al perdón, la gracia y la regeneración, señala el milagro del nacimiento celestial, sin el cual no podemos ver el reino de Dios. Sí, Dios desea y se complace en comunicarse con nosotros por vía de nuestra mente, nuestra voluntad y nuestras emociones. El continuo e imperturbable intercambio de amor y pensamientos entre Dios y las almas de los hombres y mujeres redimidos constituye el corazón palpitante de la religión del Nuevo Testamento.

De hecho, es imposible considerar esta nueva relación sin admitir que la obra primaria del Espíritu Santo consiste en restaurar el alma perdida a la comunión íntima con Dios por medio del lavamiento de la regeneración. Para llevarlo a cabo, Él primero revela a Cristo al corazón penitente: "Por tanto, os hago saber que nadie que hable por el Espíritu de Dios llama anatema a Jesús; y nadie puede llamar a Jesús Señor, sino por el Espíritu Santo" (1 Co. 12:3).

Ahora considera las palabras que Cristo dirigió a sus discípulos acerca de su propia luz que haría resplandecer en el alma que experimenta vida nueva: "Mas el Consolador, el Espíritu Santo, a quien el Padre enviará en mi nombre, él os enseñará todas las cosas, y os recordará todo lo que yo os he dicho" (Jn. 14:26). Recuerda que conocemos a Cristo solo en la medida en que el Espíritu nos lo revela. Cuán agradecidos debemos estar al descubrir que el deseo de Dios es guiar a cada corazón dispuesto a las profundidades y alturas del conocimiento y la comunión divinos. Tan pronto como Dios envía el Espíritu de su Hijo a nuestros corazones, decimos "Abba", y empezamos a adorar, aunque quizá no en el sentido pleno del término conforme al Nuevo Testamento.

Dios desea llevarnos a experimentar una mayor profundidad en Él. Tendremos mucho por aprender en la escuela del Espíritu. Él quiere guiarnos en nuestro amor por Aquel que nos amó primero. Él quiere cultivar en nuestro interior la adoración y la admiración que Él merece recibir. Él quiere revelarnos la bendición que encierra el arrebato espiritual que se experimenta en la verdadera adoración. Él quiere enseñarnos lo maravilloso de estar llenos de júbilo en nuestra adoración, embelesados en el conocimiento de lo que Dios es. ¡Él quiere que quedemos estupefactos frente a la inimaginable grandeza, exaltación y esplendor del Dios Todopoderoso!

> **Dios desea y se complace en comunicarse con nosotros por vía de nuestra mente, nuestra voluntad y nuestras emociones.**

No existe sustituto humano para esta clase de adoración y de respuesta espiritual al Dios que es nuestro Creador, Redentor y Señor. Sin embargo, por doquier encontramos que se sustituye la adoración de manera evidente y persistente. Me refiero a la tentación irresistible que sienten los cristianos a vivir ocupados constantemente, sin pausa, en actividades religiosas. Es innegable que se trata de un concepto eclesial de lo que es el servicio. Muchos de nuestros sermones y gran parte de nuestra enseñanza eclesial contemporánea se inclina a la idea de que indudablemente es el plan de Dios que estemos ocupados, muy ocupados, porque la nuestra es la mejor causa en el mundo.

Pero si aún queda sinceridad en nosotros, en nuestros momentos de quietud sabremos reconocer que la verdadera adoración espiritual, por desdicha, ha decaído en los creyentes. ¿Nos atreveríamos a preguntarnos cómo hemos llegado a ese punto tan bajo? Si estás dispuesto a formular la pregunta, yo estoy dispuesto a responderla. De hecho, la responderé con otra pregunta obvia. ¿Cómo puede nuestra actitud hacia la adoración ser más efusiva cuando muchos de nuestros líderes, tanto en el púlpito como en el banco de iglesia, poco expresan el deleite indescriptible que hay en la comunión con Dios? Examina por un momento tu conocimiento del Nuevo Testamento, y tendrás que admitir que eso es exactamente lo que Jesús intentó señalar en sus días a los fariseos, que eran estrictos e hipócritas acerca de la verdadera adoración. Ellos eran religiosos en su vida diaria. Aparentaban ser piadosos y conocedores de las formas de adoración, pero en su interior abrigaban actitudes, culpas e hipocresía. De ahí que Jesús los llamara "sepulcros blanqueados". La única justificación que conocían y entendían era su propia apariencia de justicia basada en el cuidado meticuloso de una moralidad externa. Dado que consideraban a Dios un ser estricto, severo e implacable, como ellos, su idea de la adoración era necesariamente inferior e indigna. Para un fariseo, el servicio a Dios era un yugo que no amaba, pero del que no podía escapar sin sufrir una pérdida demasiado grande para soportar. Para los fariseos, Dios no era un Dios con quien fuera fácil vivir. Por ende, su religión se volvió dura y triste, desprovista de todo rastro de amor verdadero.

De los seres humanos puede decirse que tratamos de ser como nuestro Dios. Si pensamos que Él es severo, implacable y duro, ¡así seremos nosotros! La bendita y cautivadora verdad es que Dios es el ser más adorable que existe, y al adorarlo podemos experimentar deleites indescriptibles. El Dios vivo ha estado dispuesto a revelarse a nuestros corazones que le buscan. Él nos da a conocer y entender que Él es todo amor, y que quienes confían en Él no necesitan nada más aparte de ese amor.

En efecto, Dios nos revela que Él es justo, y que no consiente el pecado. Él ha tratado de mostrarnos con absoluta claridad que, por medio de la sangre del pacto eterno, Él puede tratarnos como si nunca hubiéramos pecado. Dios tiene comunión con sus redimidos mediante un compañerismo libre y sencillo que provee descanso y sanidad al alma, algo que es completamente desconocido para la mente farisea.

> **Dios nos ama tal cual somos. Él estima nuestro amor más de lo que estima las galaxias de nuevos mundos creados.**

El Dios que nos ha redimido en amor por medio de los méritos del Hijo eterno, no es un Dios que obra de manera caprichosa. Él no es egoísta. Tampoco es temperamental. Lo que Él es hoy será mañana, y el día siguiente, y el año siguiente.

El Dios que anhela tener compañerismo y comunión con nosotros no es difícil de complacer, si bien puede ser difícil de satisfacer.

Él no espera de nosotros menos de lo que Él mismo ha provisto. Él está atento a cada esfuerzo sencillo que hacemos por agradarle, y con la misma prontitud pasa por alto nuestras imperfecciones cuando Él sabe que nuestra intención es hacer su voluntad.

Esta es la mejor noticia, que Dios nos ama tal cual somos. Él estima nuestro amor más de lo que estima las galaxias de nuevos mundos creados. Él recuerda nuestra naturaleza y sabe que somos polvo. Es cierto que el Dios a quien amamos puede a veces castigarnos. Pero aún eso lo hace con una sonrisa, la sonrisa tierna y complacida de un Padre que se deleita al ver un hijo imperfecto pero prometedor que viene cada día y se asemeja más y más a Aquel de quien es hijo. Deberíamos igualmente deleitarnos en la dicha de creer que Dios es la suma de toda la paciencia y de la verdadera esencia de la amabilidad y buena voluntad. La manera de agradarle más no es tratar afanosamente de hacernos buenos, sino lanzarnos en sus brazos con todas nuestras imperfecciones y creer que Él entiende todo, y aun así nos ama.

Lo gratificante de todo esto es que somos conscientes de manera personal de la comunión íntima entre Dios y el alma redimida. Es, en efecto, un conocimiento personal. Como tal, no viene a través del cuerpo de creyentes, sino que es revelado al individuo, y al cuerpo a través de los individuos que lo componen. Y sí, es consciente; no está por debajo de la esfera de la consciencia ni obra sin que el alma se percate de ello.

Esta comunicación, esta consciencia, no es un fin sino más bien un comienzo. Hay un punto en la realidad cuando comienza nuestro compañerismo, nuestra amistad y nuestra comunión con Dios. Sin embargo, ningún hombre ha descubierto jamás dónde termina, porque no existe ni el límite ni el fin de las profundidades del misterio del Dios trino. Cuando venimos a esta deleitosa relación, empezamos a aprender la reverencia que nos deja estupefactos, la adoración que nos deja sin aliento, la fascinación sobrecogedora, la admiración extasiada de los atributos de Dios, y el silencio intenso que experimentamos cuando Dios está cerca.

Puede que nunca antes te hayas dado cuenta, pero todos esos elementos en nuestra percepción y consciencia de la Divina Presencia vienen a ser lo que la Biblia denomina "el temor de Dios". Podemos experimentar un millón de temores en nuestros momentos de pánico o frente a las amenazas de peligro, o en la antesala del castigo o la muerte. Lo que necesitamos reconocer claramente es que el temor del Dios que la Biblia ordena nunca surge de amenazas ni castigos de ninguna clase. El temor de Dios es esa "reverencia" que nos deja estupefactos y que describió el gran Faber. Yo diría que puede graduarse en una escala que va de una forma básica como el terror del alma culpable ante un Dios santo, al éxtasis obnubilado del santo que adora. Hay muy pocas experiencias completas en nuestra vida, pero creo que el temor reverencial de Dios combinado con amor, embeleso, asombro, admiración y devoción es el estado más deleitoso y la emoción más pura que el alma humana puede experimentar.

En cuanto a mí, puedo decir que no permanecería como cristiano por mucho tiempo sin esa consciencia interna de la presencia y la cercanía de Dios. Supongo que algunas personas se sienten lo bastante fuertes para vivir el día a día por convicción ética y sin ninguna experiencia espiritual íntima. Dicen que Benjamín Franklin fue esa clase de hombre. Él era deísta y no cristiano. Whitefield oró por él y le dijo que oraba por él, pero Franklin dijo: "Supongo que no sirve de nada, porque todavía no soy salvo". Era costumbre de Franklin anotar a diario en una cuadrícula su desempeño con una serie de casillas que representaban virtudes como la honestidad, la fidelidad y la caridad, entre muchas otras. Utilizaba esto como una especie de calendario, y cuando transgredía una de esas virtudes, lo anotaba. Cuando pasaba un día o un mes sin transgredir ninguno de sus mandamientos autoimpuestos, él consideraba que su desempeño era excelente como ser humano. ¿Un sentido ético? Sí. ¿Un sentido de lo divino? No. Carece por completo de matices místicos. No hay adoración, ni reverencia, ni temor de Dios delante de sus ojos. Todo es conforme a su propio testimonio.

Yo no soy ese tipo de hombre. Yo solo puedo hacer lo bueno gracias al temor de Dios en mi alma y al deleite y embeleso que experimento en la adoración. Aparte de esto no conozco norma alguna. Lamento que este vehemente sentido de temor piadoso sea una cualidad tan escasa en las iglesias de hoy, y su ausencia constituye un presagio y una señal. Debería cernerse sobre nosotros como la nube sobre Israel. Debería cubrirnos como un manto dulce e invisible. Debería ser una fuerza que dispone nuestra vida interior. Debería proveer significado adicional a cada pasaje de las Escrituras. Debería convertir cada día de la semana en un día santo, y cada suelo que pisamos en lugar santo. Nosotros seguimos temblando frente a nuestros propios temores: temor al comunismo, temor al colapso de la civilización, e incluso temor a una invasión extraterrestre. Los hombres creen que saben lo que significa temor. Pero nosotros hablamos del asombro y la reverencia frente a un Dios amoroso y santo. Esa clase de temor de Dios es espiritual y solo puede surgir en la presencia de Dios.

Cuando el Espíritu Santo vino en Pentecostés, sobrevino un gran temor en todas las personas. Aun así, ¡no tenían miedo de nada! Un hijo de Dios que ha sido perfeccionado en el amor no teme, porque el amor perfecto echa fuera el temor. Aun así, de todas las personas, él es quien más teme a Dios.

Tomemos al apóstol Juan como ejemplo. Cuando arrestaron a Jesús en el huerto, Juan fue uno de los que huyeron. Tal vez tenía miedo de ser arrestado o encarcelado. Era temor al peligro, al castigo, a la humillación. Sin embargo, más adelante ese mismo Juan, exiliado en Patmos por causa de su testimonio de Jesucristo, vio a un hombre impresionante de pie entre los candeleros de oro. El Hombre estaba vestido con una túnica blanca y ceñido con un cinturón dorado. Sus pies eran como bronce pulido, y de su boca salía una espada. Su cabello era blanco como la nieve, y su rostro brillaba como el resplandor del sol. De repente, el asombro, la reverencia, el deslumbramiento y el temor se agolparon con tal fuerza en su ser, que Juan cayó al suelo inconsciente. Entonces aquel santo sacerdote, a quien luego reconoció como Jesucristo mismo, con las llaves de la muerte y el infierno en sus manos, vino y levantó a Juan, y lo revivió. A partir de ese momento, Juan ya no tuvo miedo ni se sintió amenazado. Experimentó un tipo diferente de temor, un temor piadoso. Era algo santo, y Juan lo sintió.

La presencia de Dios en medio de nosotros, que infunde temor y reverencia piadosos, ha casi desaparecido hoy. No es posible traerla con suave música de órgano ni rayos de luz que atraviesan bellos vitrales. No puede animarse con una hostia en mano diciendo que es Dios. No se la puede invitar con ninguna clase ni cantidad de palabrería. Lo que las personas sienten en presencia de esa clase de paganismo no es el verdadero temor de Dios. No es más que provocar un miedo supersticioso. El verdadero temor de Dios es algo hermoso, porque es adoración, es amor, es veneración. Es una dicha moral inefable por lo que Dios es. Es un deleite tan grande que, si Dios no fuera, el adorador tampoco desearía ser. Podría fácilmente orar: "Dios mío, sigue siendo como eres, ¡o déjame morir! ¡No puedo pensar en ningún otro Dios sino en ti!".

La verdadera adoración es estar enamorado de Dios de manera tan personal y absoluta que es inconcebible la idea de transferir ese afecto. Ese es el significado del temor de Dios. Dado que la adoración en gran medida ha desaparecido, ¿sabes qué estamos haciendo? Estamos esforzándonos por remendar un velo alquilado en el templo. Usamos medios artificiales para tratar de inducir algún tipo de adoración. Pienso que el diablo en el infierno debe reírse y pensar que Dios se lamenta por la falta de temor de Dios delante de nuestros ojos.

5

LA ADORACIÓN COMO ÉL QUIERE

Dios es Espíritu; y los que le adoran, en espíritu
y en verdad es necesario que adoren.

JUAN 4:24

Dios quiere que lo adoremos. El diablo, o nuestra propia mente incrédula, prefiere decirnos que Dios no quiere particularmente que lo adoremos; que es algo que debemos dar a Dios pero que a Él no le interesa. Sin embargo, la verdad es que Dios sí quiere que lo adoremos. No somos hijos indeseados. Repito: Dios quiere que lo adoremos. ¿Por qué cuando vino Dios al aire del día para hablar con Adán y no lo encontró, exclamó: "Adán, ¿dónde estás?". Porque Dios buscaba la adoración de un Adán que había pecado.

Dice además nuestro Señor en Lucas 4: "Al Señor tu Dios adorarás, y a Él solo servirás". No solo Dios desea que lo adoremos, sino que nos ha ordenado hacerlo. No sé si habrás notado lo que dice el Salmo 45: "Deseará el rey tu hermosura" (v. 11). Dios ve algo en nosotros. Es algo que Él puso en nosotros. Está en nosotros.

Amigo mío, hay varios tipos de incredulidad. Uno de estos es que a nuestros ojos no somos tan malos como Dios dice que somos. Y si no tenemos fe en lo que dice la Palabra de Dios acerca de nuestra maldad, nunca nos arrepentiremos. Existe además la otra faceta, cuando no creemos que somos tan amados por Dios como Él dice que somos. Y no creemos que Él nos anhela tanto como dice. Si todos experimentaran un bautismo repentino de fe pura y gozosa, para creer lo mucho que Dios los ama y cuánto anhela Dios que lo adoren, que le oren, lo admiren y lo alaben, nuestra comunión cristiana podría ser transformada por completo, y todos cambiaríamos de la noche a la mañana para convertirnos en las personas más felices y dichosas.

"Y deseará el rey tu hermosura; e inclínate a Él, porque Él es tu Señor".

La carta de 2 Tesalonicenses describe cuando Jesús vendrá para ser glorificado por sus santos y admirado por todos los que creen. Es decir, Dios es quien es admirado, no las personas. Y todo lo fundamental y sustancial del Nuevo Testamento, realmente de toda la Biblia, es que Dios nos hizo para que lo adoremos, y cuando no lo adoramos, faltamos al propósito para el cual fuimos creados. Somos como estrellas sin luz y sol sin calor, como nubes sin agua, pájaros sin canción, y arpas sin música. Simplemente fallamos y no damos la talla.

> **Dios no acepta cualquier clase de adoración. Él acepta la adoración solo cuando es pura y es inspirada por el Espíritu Santo.**

Quiero dejar muy claro que no podemos adorarlo como nos place. Aquel que nos hizo para adorarlo también ha decretado cómo adorarlo. Dios no acepta cualquier clase de adoración. Él acepta la adoración solo cuando es pura y es inspirada por el Espíritu Santo. Dios ha rechazado casi toda la adoración de la humanidad en nuestra condición actual. Aunque Dios quiere que lo adoremos y nos manda y nos pide hacerlo, y obviamente se inquietó y ofendió cuando Adán falló en adorarlo, Dios condena y rechaza casi toda la adoración de la humanidad por razones que voy a exponer. Hablemos de la adoración del hombre, la adoración que es rechazada, la que Dios no acepta. Hablemos por separado de la adoración de Caín, la adoración samaritana, la adoración pagana y la adoración de la naturaleza. Porque hay al menos estas cuatro clases de adoración en la tierra y Dios las rechaza todas.

Primero, la adoración de Caín. Doy por hecho que eres un lector de la Biblia y sabes que mientras Abel ofreció un sacrificio de sangre a Dios, Caín no ofreció un sacrificio de sangre. Se presentó con un sacrificio sin sangre y, en cambio, ofreció al Señor flores y frutos de la tierra. Y este intento de adoración se basó en tres errores.

El primero, una impresión equivocada de la clase de Dios que Dios es. Caín era hijo de padres caídos y nunca oyó la voz de Dios en el huerto. Y cuando Caín vino a adorar a Dios, se presentó ante un dios que no es Dios. Acudió a un dios que era fruto de su propia imaginación.

El segundo error fue creer que el hombre ocupa en su relación con Dios un lugar que no le corresponde. Este es un error que cometen muchas personas religiosas. Dan por hecho que los humanos ocupamos un lugar ante Dios que en realidad no ocupamos. Pensamos que somos hijos de Dios y hablamos acerca de Dios el Padre de la humanidad, pero la Biblia no enseña que Dios es el Padre de toda la humanidad.

El tercer error consiste en subestimar la gravedad del pecado.

Caín cometió estos errores. Pensó que Dios era otro tipo de dios y no quien Él es realmente. Pensó que él mismo era un hombre diferente de lo que realmente era. Y pensó que el pecado era menos grave y horrendo de lo que Dios decía que era. Así que se presentó alegremente, trayendo su sacrificio y ofreció a Dios adoración, algo que podemos denominar "adoración de Caín". Era una adoración sin expiación.

Recuerda siempre esto: a pesar de que Dios dice "inclínate a Él, porque Él es tu Señor" y llama diciendo: "¿Dónde estás?" y aunque nos manda adorarlo en espíritu y en verdad, Él rechaza abierta y terminantemente la adoración que no se basa en la sangre redentora.

Veamos ahora la adoración samaritana. Ya sabes acerca de los samaritanos, de cómo, bajo el reinado de Omri y Acán, la ciudad de Samaria se convirtió en un centro religioso y rechazaron a Jerusalén como tal. Los samaritanos eran herejes en el sentido estricto de la palabra, porque hereje no quiere decir falso. Un hombre puede ser un hereje y no enseñar nada particularmente falso. ¿Sabías eso? Un hereje no es alguien que necesariamente enseña negando la Trinidad o que Dios creó la tierra, o que habrá un juicio. Esos también son herejes, pero la herejía no significa "enseñar error". La palabra misma, hereje, significa "alguien que escoge y selecciona". De modo que los samaritanos eran herejes en el sentido de que escogían ciertas partes de la Biblia, del Antiguo Testamento, y decían: "Bueno, aceptamos el Pentateuco, pero rechazamos los salmos de David, Isaías, Jeremías, Ezequiel y Daniel, y los dos libros de Reyes y Cantar de los Cantares y todos los que tienen un nombre de persona".

Y luego dijeron "creemos", y luego hicieron algunas traducciones. Ya sabes, se puede traducir cualquier cosa y demostrar lo que se quiera demostrar. Cualquiera puede hacer eso. Lo único que tienes que decir es "Yo sé griego" o "Yo sé hebreo", y después de eso hacer lo que te apetece. Así que tradujeron el antiguo Pentateuco de tal modo que pusieron a Samaria como el lugar de adoración y dijeron: "Escuchen, ¡Samaria es el lugar donde se debe adorar!". Y obviamente eran hostiles con los judíos que decían: "No. ¡Nuestros padres adoraron en Jerusalén! Dios les dio este monte, Moriah, y aquí en este monte Salomón edificó el templo. Y ese es el lugar donde se debe adorar". ¡Allí vino Cristo! Y ellos dijeron: "No, no. Debemos adorar en Samaria". Aun así, aceptaban el Pentateuco. Aceptaban lo que les apetecía de la Biblia.

Creo que no necesito demostrar ni señalar con tinta roja para que veas cuánta herejía existe en nuestros días: creer lo que nos antoja creer, enfatizar lo que preferimos enfatizar, seguir un camino y rechazar el otro, hacer una cosa y rechazar otra, y así nos volvemos herejes porque nos dedicamos a escoger y seleccionar lo que queremos de las verdades de Dios. Esa es la adoración samaritana.

> Algunos confunden la música religiosa con adoración verdadera, porque la música exalta el alma.

Ahora hablemos de la adoración pagana. Podría hacer una retrospectiva e investigar la adoración de los antiguos egipcios y paganos. De hecho, ¡tengo sus libros! El libro egipcio de los muertos y las enseñanzas de Zoroastro y Buda. Y las leyes del hombre. Si lo quisiéramos, podríamos argumentar a favor de esto y predicar durante dos semanas, si a alguien le interesa, acerca de la adoración de los paganos, la adoración pagana.

Pablo habla de la adoración pagana, y no tiene nada bueno que decir de esta. La condena abiertamente y dice: "Pues habiendo conocido a Dios, no le glorificaron como a Dios, ni le dieron gracias, sino que se envanecieron en sus razonamientos, y su necio corazón fue entenebrecido" (Ro. 1:21). Y fueron en descenso y pasaron de

Dios al hombre, y del hombre al ave, y del ave a la bestia, y de la bestia al pez, y del pez a las criaturas que se arrastran sobre la tierra. Ese fue el terrible viaje de descenso del hombre en su adoración.

También existe la adoración de la naturaleza. Debo admitir que me inclino más por esta que por el liberalismo. Sin embargo, al mismo tiempo resulta inútil, porque la adoración de la naturaleza no es más que poesía de la religión. Como sabrás, la religión tiene mucha poesía; esta tiene su lugar y así debe ser. En la iglesia cantamos mucha poesía, ¿no es así? Y casi todo el mundo se encoge de hombros y sonríe, y dice: "Yo no soy un poeta, no me interesa la poesía". Pero no es cierto. Por ejemplo, alguien se emociona y te cuenta algo que ha visto, y luego instantáneamente empieza a usar metáforas, símiles y figuras del lenguaje. Como dicen: "Es un poeta, pero no lo sabe". Todos somos poetas, y la religión inspira más poesía que cualquier otra ocupación mental, y hay muchas cosas hermosas acerca de la religión. Hay un excelso deleite en la contemplación de lo divino y lo sublime, y en la concentración de la mente en la belleza. Siempre procura una gran sensación de deleite.

Bueno, esa es la adoración de la naturaleza. Y algunos confunden esta adoración de la naturaleza, este sentimiento de fascinación, con la verdadera adoración. Tal vez recuerdas a un tal Emerson, que no era cristiano, y cómo relató en una ocasión que, mientras caminaba por un campo en la noche después de llover, bajo un sol brillante y con pequeños charcos sobre la pradera, experimentó una elevación mental repentina que le produjo tal felicidad que se llenó de temor. Él dijo: "¡Estaba tan feliz que tuve miedo!". Lo que sucede es que es un poeta pagano, ¡eso es todo! Y una gran medida de la adoración en la actualidad no es más que poesía pagana. Es adoración de la naturaleza.

Algunos confunden la música religiosa con adoración verdadera, porque la música exalta el alma. La música puede elevar el corazón al borde del arrebato. La música puede llevar nuestros sentimientos hasta un estado de éxtasis. La música tiene un efecto purificador y depurador en nosotros. De modo que es fácil caer en un estado mental de felicidad y arrebato, con una noción vaga de Dios e imaginar que estamos adorando a Dios cuando en realidad no es así. Es simple disfrute de aquello que Dios ha puesto en nosotros y que el pecado todavía no ha podido aniquilar.

> **El adorador debe someterse a la verdad, o no podrá adorar a Dios.**

Yo no creo que haya poesía alguna en el infierno. ¡No puedo creer que, en la alcantarilla del mundo moral, haya alguien que se inspire a recitar símiles, metáforas y canciones en ese infierno terrible! Leemos que sí la habrá en el cielo, porque allí pertenece. Pero que yo sepa, en mi Biblia, nunca se habla de esta en el infierno. Se habla de conversaciones en el infierno, pero no de canciones, porque no hay canciones allí, no hay poesía allí, no hay música en ese lugar. Sí la hay en abundancia en la tierra, incluso entre las personas no salvas, porque fueron creadas a imagen de Dios. Y a pesar de que Dios está ausente en sus mentes, todavía aprecian lo sublime…

Jesús nuestro Señor dijo: "Dios es espíritu, y los que le adoran deben…" (Jn. 4:24, LBLA). Ahora bien, quiero que observes esta palabra, el imperativo en la frase. La palabra "deben" despeja toda confusión y quita de las manos de los hombres el tema de la adoración. Como vemos, el hombre quiere adorar a Dios, pero quiere adorarlo como le antoja, a su manera. Así lo hizo Caín, y los samaritanos, y lo han hecho durante años, y Dios los rechazó a todos. Jesús nuestro Señor dijo: "Dios es espíritu, y los que le adoran deben"… y Él determinó para siempre que va a decirnos cómo debemos adorar a Dios. Y aquí, como dijo alguien, "Dios formó una llama viviente y dio la mente que razona, de modo que solo Él puede exigir la adoración de la humanidad". En lugar de la opción de que cada cual adore a Dios como le parece, solo hay una manera de adorar. "Yo soy el camino, y la verdad, y la vida; nadie viene al Padre, sino por mí" (Jn. 14:6). Así que en lugar de ser amable y amistoso en consentir la idea de que Dios acepta la adoración de cualquier persona en cualquier lugar, estoy perjudicando y poniendo en riesgo al futuro hombre a quien permita quedar impune por eso.

Yo no podría ser un político. No podría. Cuando se reunieron en Chicago, cada día delegaban a un predicador diferente la oración de inicio. Y debo confesar que mi corazón se estremecía de indignación cuando oía a esos predicadores orar. Temían tanto ofender a un judío o incomodar a un imán, que se cuidaban al extremo de lo que decían como si pisaran huevos, por miedo de herir los sentimientos de alguien si mencionaban a Jesús en sus oraciones. Sin embargo, cuando fueron a un granero en San Francisco, pidieron a un predicador presbiteriano que orara, y ese predicador presbiteriano terminó su oración diciendo: "Te lo pedimos en el nombre de Jesucristo nuestro Señor. Amén".

"Dios es espíritu, y los que le adoran deben". Esos altares de Baal, esas iglesias donde oran en el espíritu de Jesús *y* en el espíritu del bien *y* en el nombre del gran padre *y* en el nombre de la fraternidad… ¡oran incluso en el nombre de la fraternidad! Es lamentable. Ahora escucha la verdad. La verdad misma encarnada dice: "Dios es espíritu, y los que le adoran deben adorarle en espíritu y en verdad". El adorador debe someterse a la verdad, o no podrá adorar a Dios. Puede escribir poemas y albergar pensamientos elevados cuando contempla un atardecer. Puede oír cantar a la alondra emplumada, aun cuando no canta. Puede hacer todo tipo de cosas, pero no puede adorar a Dios de manera aceptable, porque hacerlo significa que tiene que someterse a la verdad acerca de Dios. Tiene que reconocer que Dios es quien es, y lo que Él dice que es. Y tiene que reconocer que Cristo es quien Él dice que es y lo que Él dice que es. Y tiene que reconocer la verdad acerca de sí mismo, que es un pecador tan malo como Dios dice que es. Y tiene que reconocer la verdad de la expiación, que la sangre de Jesucristo limpia y libera de ese pecado, y que debe acercarse a Dios en los términos que Él ha dispuesto. Debe ser renovado conforme a la imagen de Aquel que lo creó. Solo el hombre renovado puede adorar a Dios de una manera aceptable. Solo el hombre redimido puede adorar a Dios de manera aceptable...

> **Solo el hombre renovado puede adorar a Dios de una manera aceptable.**

Debe también ser inspirado por el Espíritu de verdad... Recuerda que, en el Antiguo Testamento, ningún sacerdote podía ofrecer un sacrificio sin antes haber sido ungido con aceite. Tenía que ser ungido con aceite, símbolo del Espíritu de Dios. Ningún hombre puede adorar como se le antoja. Que busque entre las flores, que busque en los nidos de pájaros y entre los sepulcros, dondequiera que escoja adorar a Dios. No puede adorar según le parece. Solo el Espíritu Santo puede adorar a Dios como debe ser, y reflejar en nosotros la gloria de Dios. El Espíritu desciende sobre nosotros y refleja la gloria de Dios. Y nuestro corazón no experimenta esto, no podemos reflejarlo y tampoco hay adoración. Cuán grande y extensa, incomprensible y maravillosa es la obra de Cristo. Por eso no puedo sentir afinidad alguna con la clase de cristianismo que pretende que el propósito del evangelio es salvar a un sujeto de fumar. ¿Es el cristianismo eso y nada más? ¿Sirve solo para librarme de un mal hábito? ¡Por supuesto que el nuevo nacimiento cambia al individuo! Pero el propósito de Dios con la redención es restaurarnos al imperativo divino de la adoración, a fin de que podamos escuchar de nuevo a Dios decir: "Y deseará el rey tu hermosura; e inclínate a Él, porque Él es tu Señor" (Sal. 55:11).

6

ADORAR AL QUE ES MAJESTUOSO Y MANSO

Jehová reina; regocíjese la tierra, alégrense las muchas costas. Nubes y oscuridad alrededor de Él; justicia y juicio son el cimiento de su trono.

SALMO 97:1-2

Es maravilloso saber que, en algún lugar del universo, hay algo bueno y correcto. A menudo cito con un poco de buen humor los dichos de los viejos y concienzudos hombres de Dios: "Si eres una persona de paz, y tienes paz en tu corazón, no indagues a fondo la vida de otras personas. Si lo haces, quedarás espantado". En cambio, existe un trono que está lleno de justicia y juicio. "Sus relámpagos alumbraron el mundo; la tierra vio y se estremeció. Los montes se derritieron como cera delante de Jehová, delante del Señor de toda la tierra. Los cielos anunciaron su justicia" (Sal. 97:4-5). Puedes esperar un millón de años e incluso más, y no encontrarás nada malo ahí. El trono de Dios permanece justo y el Dios que se sienta sobre el trono es justo. Él es el Dios de justicia, y los cielos declaran su justicia. "Los cielos anunciaron su justicia, y todos los pueblos vieron su gloria. Avergüéncense todos los que sirven a las imágenes de talla, los que se glorían en los ídolos. Póstrense a Él todos los dioses. Oyó Sion y se alegró; y las hijas de Judá, oh Jehová, se gozaron por tus juicios. Porque tú, Jehová, eres excelso sobre toda la tierra; eres muy exaltado sobre todos los dioses" (vv. 6-9).

Eso es una porción de lo que dice el Salmo 97 acerca de Él. Y después de la caída, el hombre perdió la visión de esa gloria. Aun así, Esteban, hombre de Dios y mártir, dijo: "El Dios de la gloria apareció a nuestro padre Abraham" (Hch. 7:2), y Dios empezó a revelar la gloria que había sido eclipsada.

Se sabe ahora que un eclipse no supone de ninguna manera que la fuente de luz pierda su luz, o que su gloria haya disminuido. Solo significa que hay un objeto que se interpone entre nosotros y la fuente de luz. Cuando el sol es eclipsado, el sol no se enfría un solo grado de su temperatura original. Tampoco sus llamas se acortan un centímetro de lo que eran antes del eclipse. Sigue siendo tan caliente, grande, poderoso y libre como lo era antes del eclipse, porque no es el sol el que es eclipsado. ¡Somos nosotros los que son eclipsados! Y debemos tener eso claro. El sol está bien, al igual que el gran Dios Todopoderoso. La gloria de Dios brilla tanto como siempre, y el Dios de gloria empezó a aparecer a las personas. Se apareció a Abraham, y a lo largo de su plan redentor empezó a mostrar lo que Él quiere.

Nosotros estábamos en un estado lamentable. Lee el primer capítulo de Romanos si quieres saber cuál era nuestra desoladora condición. No solo caímos tan bajo para llegar a adorar al hombre, que ya era deplorable, sino que adoramos las bestias, que era peor. No solo adoramos bestias como a la raza humana, sino que adoramos aves, peces y serpientes. Serpientes que se arrastran y reptan. Los adoramos. Y como si eso no fuera suficiente, adoramos insectos y escarabajos. Adoramos lo más bajo y hasta lo anómalo o rastrero. Los hombres se han arrodillado y han dicho a todo esto: "¡Señor dios mío!".

Así de entenebrecidas estaban nuestras mentes en el eclipse. Porque eran nuestras mentes, y no Dios. Entonces Dios empezó a aparecer en medio de la nube. El Dios de gloria aparece a Abraham y reveló su unidad. Eso fue lo primero que Dios reveló acerca de sí mismo. No reveló primero su santidad. Reveló primero su unidad.

> **El trono de Dios permanece justo y el Dios que se sienta sobre el trono es justo.**

Constituía una ofensa contra el gran Dios Todopoderoso pensar que hubiera dos o tres dioses. ¿Alguna vez te has detenido a pensar que no puede haber dos infinitos ni dos omnipotentes? ¿Es posible que dos seres sean todopoderosos? Porque si uno tuviera todo el poder que existe, ¿qué le quedaría al otro? No podría tener todo el poder disponible. Es imposible que existan dos seres que posean todo el poder.

Ahora hablemos de la infinitud, que significa "ilimitado o incalculable", en su sentido completo y absoluto. Porque ¿cómo podrían existir dos seres que son absolutos? Podría haber uno, pero no dos. Resulta, pues, metafísicamente imposible pensar siquiera en dos seres que sean absolutos, infinitos, todopoderosos, omnipotentes, o cualquier otro atributo de Dios. Pero nosotros no lo sabíamos, de modo que adoramos todo lo que se movía, y si no se movía, igualmente nos postrábamos ante eso y lo adorábamos. ¡Adorábamos todo! Adorábamos los árboles, el sol, las estrellas, y teníamos dioses por todas partes.

A nosotros nos parece extraño y casi cómico, pero nada de gracioso tenía cuando el Todopoderoso dijo al pueblo: "Oye, Israel, Jehová nuestro Dios uno es". Esa era la unidad. Los eruditos lo denominan "monoteísmo". Es su manera de ocultar a las personas el significado y dar la impresión de ser muy instruidos. Sin embargo, lo único que monoteísmo significa es que existe un solo Dios. Hay un Dios, y nosotros pensábamos que había muchos. La raza humana pensó que eran muchos. Tengo un libro acerca de los dioses, escrito por Cicerón. Cicerón, que era un hombre muy poderoso, pensaba que había más de un Dios. Así que Dios dijo: "Lo primero que quiero que entiendan es que yo no tengo rival. No hay ningún otro Dios. ¡Oye, Israel, Jehová nuestro Dios uno es, y solo a Él adorarás". Y siglos después, un cristiano cantó:

> Un Dios, una Majestad.
> No hay más Dios que tú,
> Unidad sin límites y sin extensión.
>
> Admirable unidad,
> ¡oh, Dios, te adoramos!
> ¡Uno solo, en suprema Trinidad!
>
> Uno, temible y sin principio,
> solo, y jamás solo,
> la creación no te ha puesto en trono más alto.
>
> Mar insondable,
> toda vida procede de ti,
> y tu vida es tu bendita unidad.

Los cristianos sabían esto:

Todas las cosas que viven por ti,
todas las obras que has hecho,
las hiciste como tributo a tu unidad.
¡Bendita sea tu unidad!
Todos los gozos son uno para mí,
el gozo de saber que no hay otro Dios sino tú.

Eso es lo que cantaban los cristianos, y es lo que los cristianos creen. Fue exactamente lo que enseñó Jesús. Y poco a poco, Dios salió de detrás del eclipse.

Me gusta regresar a Éxodo cada vez que siento que soy algo o que me siento deslumbrado por un presidente, o reina, o alguien más. Me gusta volver al libro de Éxodo donde dice: "Entonces Jehová dijo a Moisés: He aquí, yo vengo a ti en una nube espesa, para que el pueblo oiga mientras yo hablo contigo, y también para que te crean para siempre" (Éx. 19:9). Moisés se lo comunicó al pueblo, y luego el Señor dijo: "Ve al pueblo, y santifícalos hoy y mañana; y laven sus vestidos" (19:10). Nadie se presentaba de cualquier manera ante la maravillosa presencia. Era indispensable prepararse y santificarse.

Yo no sé qué hubiera hecho la revista *Life* en esta ocasión. Me imagino que les hubiera gustado fotografiar el evento. No obstante, Dios dijo: "Y señalarás término al pueblo en derredor, diciendo: Guardaos, no subáis al monte, ni toquéis sus límites; cualquiera que tocare el monte, de seguro morirá" (19:12). Qué contraste tan grande hay entre este gran Dios y los dioses que podían manipular y cargar a todas partes y poner debajo de la almohada. "No lo tocará mano, porque será apedreado o asaeteado; sea animal o sea hombre, no vivirá. Cuando suene largamente la bocina, subirán al monte" (19:13).

¿Sabes lo que hemos hecho? Hemos rebajado a Dios hasta que ya nadie lo respeta. Un día prediqué en la ciudad de Nueva York, y dije: "Estoy en una cruzada pequeña y discreta, no tan grande como la que se lleva a cabo allí en el Madison Square Garden, sino una cruzada pequeña y discreta para traer de vuelta la adoración a la iglesia". Y cuando salíamos de la iglesia, un caballero inglés con buena apariencia me dijo: "Hermano Tozer, quiero ser miembro de su cruzada. Durante veintisiete años fui misionero en el lejano oriente. Ahora estoy en casa y creo que deberíamos volver a adorar a Dios, a ese Dios poderoso y temible".

El evangelio ha sido tan degradado que solo sirve para sacarle provecho. Olvidamos que Dios dijo: "Padre nuestro que estás en los cielos, santificado sea tu nombre" (Lc. 11:2). Yo no dudo en afirmar que el Dios Todopoderoso preferiría glorificar su nombre antes que salvar al mundo, que Dios preferiría que su nombre sea santificado antes que salvar al sinnúmero de inteligencias creadas y de pecadores, o antes que redimir al mundo. En la sabiduría y la misericordia de Dios, Él dispuso todo a fin de poder redimir al mundo y magnificar su propia gloria. En cambio, tú y yo tenemos la obligación y el deber primordial de honrar a Dios, no el deber y la obligación de ayudar a las personas. Eso es modernismo, y han querido hacernos creer eso. Han desechado lo que decían nuestros antepasados puritanos, holandeses y escoceses: "Que Dios ocupe su lugar, aunque el mundo se desmorone". Y nos dicen que Dios es tan bondadoso y humilde, manso y asequible, que esas palabras han perdido su significado.

Teme este nombre glorioso y temible, Jehová, tu Dios. ¿No debería su excelencia infundir en ti temor? ¿O su temor caer sobre ti? Y cuando se trata de Dios, una terrible majestad y oscuridad le rodean. Y su pabellón estaba rodeado de profundas aguas y espesas nubes del cielo. "¿Quién es este rey de gloria? Jehová el fuerte y valiente, Jehová el poderoso en batalla" (Sal. 24:8). "Cuando oréis, decid: Padre... santificado sea tu nombre" (Lc. 11:2). Y "en la hermosura de la gloria de tu magnificencia, y en tus hechos maravillosos meditaré" (Sal. 145:5).

Solo estoy citando lo que la Biblia dice acerca de cómo Dios sale de detrás de la nube, o cómo nos saca de detrás de la nube para mostrarnos cuán grande es Él. "Y Jehová hará oír su potente voz, y hará ver el descenso de su brazo, con furor de rostro y llama de fuego consumidor, con torbellino, tempestad y piedra de granizo" (Is. 30:30).

Alguien dirá: "Eso es el Antiguo Testamento, pero en el Nuevo Testamento tenemos un Jesús humilde y manso". Pues bien, así es, y también quiero hablar del humilde y manso Jesús. Pero quiero que sepas que el Jesús manso dista mucho del Jesús barbado y de rasgos como los de Salomón. No tendría un retrato de esos en mi casa por la misma razón por la que no tengo una estatua de la virgen María. No tendría uno de esos porque ese no es Jesús. Es un tipo con apariencia débil, lastimera, que busca dónde esconderse o a quién bendecir. El Espíritu Santo dice: "para que en el nombre de Jesús se doble toda rodilla de los que están en los cielos, y en la tierra, y debajo de la tierra; y toda lengua confiese que Jesucristo es el Señor, para gloria de Dios Padre" (Fil. 2:10-11).

Y en el momento señalado, nuestro Señor Jesucristo mostrará quién es el bendito y único soberano, el Rey de reyes y Señor de señores, y el único inmortal que habita en la luz inaccesible a los hombres, a quien nadie ha visto ni puede ver. A Él sea el honor y el poder para siempre, amén. Hermano, ese es el Nuevo Testamento. Al único sabio Dios, nuestro Salvador, sea la gloria y la majestad, el dominio y el poder ahora y para siempre, amén. ¡Ese es el Nuevo Testamento! Y este Jesucristo de quien hablamos, Él es Señor de todo. Él es Señor de todo ser y Él es Señor de toda la vida, y Él es el Señor de toda majestad y de toda gloria…

Dios dice: "Cuando oréis, decid: Padre nuestro que estás en los cielos, santificado sea tu nombre. Venga tu reino. Hágase tu voluntad, como en el cielo, así también en la tierra" (Lc. 11:2). Amigos míos, ¡eso es más importante! Es más importante que la iglesia de Cristo honre al Dios de gloria que aun el mandato de predicar el evangelio a los perdidos. Sin embargo, también está en la voluntad de Dios que, mediante la predicación del evangelio a los paganos y la salvación de ellos, como dijo Pablo, más personas vengan a alabarle. Así que glorificamos a Dios ganando más almas. Pero si tuvieras que escoger, honrar a Dios sería lo primero.

Yo no sé quién va a hacerlo. Hablé con James Stuart de European Missions y con Stacey Woods de Intervarsity, y con otros hermanos, y estuvimos de acuerdo. Nos reunimos y nos miramos los unos a los otros, y dijimos: "Bueno, ¿cuándo va a empezar a funcionar esto y a fluir? ¿Cuándo habrá suficientes personas como estas que crean en la prioridad de honrar a Dios y en la necesidad de exaltarlo y volver a traer la adoración al mundo? ¿Cuándo habrá más de un simple puñado aquí y allá? ¿Cuándo podemos reunirnos y convertirnos en un río que fluye? Nadie tiene todavía la respuesta pero, uno de estos días, Dios va a darnos la respuesta.

> El único individuo que se atreve a despojarse de su reputación es el que está seguro de esta.

Y si hay algo que necesitamos en la iglesia de Cristo, es volver al Dios de nuestros padres, volver al Dios santo de Abraham, de Isaac y de Jacob, no al dios de nuestra imaginación, no al dios débil que llevamos de aquí para allá, sino el gran Dios Todopoderoso.

Dios es un gran Dios, y si yo tuviera que detenerme, me detendría aquí. Pero me alegra decirte también que, en el Salmo 45, no solo hay majestad sino también mansedumbre: "Cabalga sobre palabra de verdad, de humildad y de justicia" (Sal. 45:4). Él se humilló. Humilde es un adjetivo. El pasaje describe una acción que es iniciativa de Dios. Él se humilló. Jesucristo, "siendo en forma de Dios, no estimó el ser igual a Dios como cosa a que aferrarse, sino que se despojó a sí mismo" (Fil. 2:6-7).

El único individuo que se atreve a despojarse de su reputación es el que está seguro de esta. Él pudo dejar a un lado su reputación de ser igual a Dios porque sabía que estaba segura. El sujeto que no está seguro de sí mismo tiene que defender su reputación sin cesar y por doquiera que va. Y cuando oye rumores acerca de él que pueden empañar su reputación, escribe una carta violenta para defenderse.

En cambio, Dios se despojó a sí mismo. ¿Por qué? Porque Él sabía quién era. Él sabía que es aquel Señor Dios poderoso que hizo estremecer los montes. Él sabía que es el Señor Dios poderoso cuyos pabellones alrededor de Él eran esperas nubes y oscuras aguas. Él sabía que es el Rey de gloria y el Señor majestuoso. Bendito sea su glorioso nombre para siempre. Él no temía despojarse de su reputación por redimir a un mundo perdido. Así que se despojó a sí mismo.

Eso es una cosa, pero otra muy diferente es tomar forma de siervo, hecho semejante a los hombres. Eso es extraordinario. El gran Dios que había dado órdenes toda su vida y que había vivido antes que el mundo fuera y que había sido antes que la creación fuera, ahora se ha convertido en siervo. No solo se despojó de su reputación, sino que se volvió siervo, y se hizo semejante a los hombres.

Y después de hacerse hombre, se humilló aún más y se hizo

obediente hasta la muerte, y muerte de cruz. Si Él hubiera descendido de la gloria y hubiera vivido esta vida hasta llegar a la vejez, y hubiera muerto en su cama rodeado de sus amigos que lloran, habría sido terrible pensar que el gran Señor Dios Todopoderoso cuya fortaleza y belleza estaban en su santuario tuviera que morir. Pero Él murió del peor modo conocido para su época. Murió en una cruz romana. Sudoroso y con sus huesos dislocados, los labios rotos y su mirada vidriosa, así murió. Dice el Espíritu: "Y muerte de cruz". Qué formidable benevolencia que Él fuera tan humilde.

Si algún día alcanzas salvación, si algún día logras entrar en ese cielo de Dios y cruzar esas puertas santas y contemplar el mar plateado, no será por algo que tú eres. Tampoco será porque Él cambió de opinión o porque perdió su corona o su poder... Hermanos, nadie ha disminuido jamás la majestad del gran Dios Todopoderoso. Y cuando Jesucristo se hizo hombre, no perdió nada. El teólogo Lightfoot dijo: "Él escondió su gloria, ¡pero no la invalidó!".

El hombre que anduvo por Jerusalén con los pies cubiertos de polvo y cabello despeinado, caminando en el viento de un lugar a otro, era el mismo Señor Dios que podía sujetar a los poderosos con su voz. Este es nuestro Cristo. Este es nuestro Jesús. Y yo te recomiendo, amigo mío, que procures conocerle como Él es en su majestad, a fin de que puedas comprender lo sumamente afortunado que eres. Si Él se hubiera aferrado a su majestad y no hubiera estado dispuesto a humillarse, estarías en graves problemas. Tendrías que estar con los ángeles que pecaron y dejaron su primera morada. Habrías descendido. Y no habría nada en ti que pudiera salvarte. Cuando empezaste a descender hacia el foso, el día que diste el primer paso o antes, una voz, no de ángel, dijo: "Dios, ¿qué estás haciendo? No permitas que este hombre perezca. No dejes que esta mujer muera". No fue una voz que pidiera justicia, majestad, y gloria. Todos perecemos juntos y vamos al infierno donde están el diablo y sus ángeles caídos. Y para salvarnos de eso, Dios no habría invalidado su majestad. Ten eso presente. Para salvarnos de eso, Dios no hubiera disminuido su gloria. Para salvarnos de eso, Dios nunca habría tenido que empañar su nombre santo.

El gran Dios Todopoderoso se humilló, su grandiosa majestad se rebajó, de tal modo que "deseará el rey tu hermosura" (Sal. 45:11). ¿Por qué lo hizo? Porque Él anhelaba tu hermosura. Y la hermosura en ti no es la hermosura que tú tienes, sino la hermosura que Él podía poner en ti.

Fue lo que Shakespeare denominó "la majestad prestada". La majestad prestada que te pertenece a ti, e incluso al pobre vagabundo que tropieza con la mirada nublada y anda sin afeitar por un barrio bajo. Él es también portador de una porción de esa majestad prestada, porque Dios nos creó a su imagen. Eso no nos salva, pero había allí algo que Dios llamó hermoso. Y descendió. Y no descendió porque tuviera que hacerlo. Nunca pienses que puedes poner a Dios en aprietos. Dios nunca está en aprietos, y Dios nunca se deja dominar por un hombre, y nunca está en apuros, ni se ve obligado a hacer algo contra su voluntad. El gran Dios descendió porque deseaba nuestra hermosura, y deseaba nuestra hermosura porque nos creó a su imagen. Eso es todo. Él nos creó a su imagen. Él vio los míseros y raídos vestigios de un parecido familiar. Y supo que había en nosotros ese vestigio que podía responder a Él. Sabía que, a pesar de nuestra condición caída, perdida y condenada, había en nosotros esa parte que podía reaccionar.

Este es un motivo por el cual debes dar gracias a Dios cada día de tu vida. Si alguien se queja o protesta y no vive dando gracias a Dios, lo compadezco y espero que se arrepienta. Porque sin importar lo que nos sobrevenga, debemos ser capaces de agradecer a Dios que hubo algo en nosotros que podía responder a Él. ¿No te alegra que hubo algo en nosotros que podía responder a Él?

Para empezar, si Dios no lo hubiera puesto en nosotros, no estoy seguro de que hubiéramos sido capaces siquiera de reaccionar. Porque si entiendo correctamente el libro de Juan y el libro de Romanos, no creo que exista algo en la humanidad que pueda responder a Dios a menos que sea por iniciativa del Espíritu Santo. Yo creo en la obra preveniente del Espíritu Santo. Si eso no es elección y predestinación, no sé qué lo sea, pero debe ser. Aunque tampoco se supone que yo enseñe. Sin embargo, Jesús, que es mi Señor, dijo: "Ninguno puede venir a mí, si el Padre que me envió no le trajere". Ninguno. Y nosotros decimos: "¡Ven! ¡Ven! ¡Ven!". Y Él dijo: "Ninguno puede venir a mí, si el Padre que me envió no le trajere". Y si el Padre lo trae, él vendrá. "Al que a mí viene, no le echo fuera". Él dijo: "pero vosotros no creéis, porque no sois de mis ovejas". Él no dijo: "pero vosotros no sois de mis ovejas porque no creéis".

Nosotros lo modificamos porque tememos admitir la majestad soberana del Dios de nuestros padres. Entonces decimos: "La razón por la cual ustedes no son ovejas de Dios es porque no creen". Él, en cambio, dijo: "¡La razón por la cual ustedes no creen es porque no son mis ovejas! Yo no las he escogido".

Ahora bien, me doy cuenta de que se ha abusado mucho de esto. Como dijo la reina: "Oh, libertad, cuántos pecados se han cometido en tu nombre". Nosotros solo podemos decir: "Juan Calvino, cuántos crímenes se han cometido en tu nombre". Sin embargo, hermanos míos, somos una banda de pecadores presumidos. Pensamos que cuando nos portemos bien y nos preparemos, sea lo que sea que Dios piense de ello, volveremos a casa y Dios nos recibirá porque no puede evitarlo. Más vale que nos olvidemos de eso.

De modo que predicamos el evangelio volviendo la gracia barata y rebajando a Dios, y fingiendo que nos debe algo. ¿Qué nos debe Dios aparte de condenación? ¿Qué le debe Dios al arzobispo de Canterbury o al Papa salvo condenación? ¡Hemos pecado! Y hemos ocultado la gloria de Dios, y hemos tomado nuestro lugar con las huestes caídas, murciélagos negros y serpientes que se arrastran, y si por algo somos salvos es porque la majestad se humilló para encontrarnos. Y la majestad no tenía que hacerlo, porque la majestad nada temía. Nos apresuramos demasiado en salir en defensa de Dios. Yo no escribiría una sola línea en defensa de Dios. Cuando Gedeón derribó los altares, alguien dijo: "¡Maten a Gedeón! Ha derribado los altares de Baal". Y el padre de Gedeón dijo: "Si Baal es un dios, ¿por qué no se defiende?". Él dijo: "¿Contenderéis vosotros por Baal? ¿Defenderéis su causa? Si es un dios, contienda por sí mismo con el que derribó su altar".

Un dios que necesita que yo lo defienda no puede llevarme a cruzar el río tenebroso. No puede salvarme del tirón magnético del infierno. Un dios al que tengo que defender no puede librarme del diablo. Pero mi Dios no necesita mi defensa. Él es el Señor de gloria. Grande y poderoso es Él. Y Él se humilló.

Se humilló porque Él era majestad. Tú nada mereces aparte de la muerte, pero Él murió para que tú pudieras ser llamado a volverte a Él. Qué Dios tan maravilloso y lleno de gracia es Él.

7

EL ASOMBRO EN LA PRESENCIA DE DIOS

¡Ay de mí! que soy muerto; porque siendo hombre
inmundo de labios, y habitando en medio de
pueblo que tiene labios inmundos, han visto
mis ojos al Rey, Jehová de los ejércitos.

ISAÍAS 6:5

A lo largo de los años, he escuchado con mucha frecuencia a personas educadas e inteligentes decir: "Déjame contarte cómo descubrí a Dios". Que estas personas hayan pasado de dicho descubrimiento a una adoración humilde y consagrada, no lo sé. En cambio, sí sé que todos estaríamos en graves problemas y lejos de Dios todavía si Él, en su gracia y amor, no se hubiera revelado a nosotros.

Me enoja o me entristece un poco que muchas personas alberguen siempre la esperanza de poder comprender a Dios. Me refiero a entender a Dios, a tener comunión con Dios a través de sus facultades intelectuales. ¿Cuándo se darán cuenta de que, si fueran capaces de "descubrir" a Dios con el intelecto, serían iguales a Dios?

Haríamos bien en inclinarnos hacia la clase de descubrimiento de Dios que describe el profeta Isaías: "En el año que murió el rey Uzías vi yo al Señor sentado sobre un trono alto y sublime, y sus faldas llenaban el templo" (6:1). Lo que Isaías vio fue algo completamente diferente de lo que él había visto jamás. Hasta ese punto de su vida, Isaías estaba familiarizado con las cosas buenas que Dios había creado. Pero nunca había estado en presencia de lo no creado. Por consiguiente, para Isaías fue tan drástico el contraste entre lo que es Dios y lo que no es Dios, que difícilmente pudo articular palabra. Es significativo que Dios se revelara al hombre. Isaías podría haber intentado durante mil años alcanzar a Dios por medio de su intelecto sin ningún éxito. Todo el poder mental del mundo acumulado no podría alcanzar a Dios. En cambio, el Dios vivo puede revelarse al espíritu dispuesto de un hombre en el lapso de un segundo. Solo entonces Isaías, o cualquier otro ser humano, puede decir con humildad pero certeza: "Lo conozco".

Dado que Dios conoce nuestros corazones e intenciones, Él es poderoso para restaurar a sus hijos que confían en Él, que son sinceros y están en la fe.

A diferencia de los hombres, Dios nunca actúa sin un propósito. Aquí Dios se revela a Isaías con un propósito eterno. Isaías ha tratado de transmitirnos una crónica fidedigna, pero lo que sucedió en realidad es más grande que lo que Isaías escribió, en la misma medida que Dios es más grande que la mente humana. Isaías confiesa que él nunca antes ha visto al Señor sentado en un trono. Los críticos modernos de este relato de Isaías nos advierten acerca del peligro del antropomorfismo, el intento de asignar a Dios ciertos atributos humanos.

Nunca he tenido miedo de las palabras sofisticadas. Que lo llamen como prefieran, yo sigo creyendo que Dios se sienta en un trono, revestido de la soberanía que Él mismo se ha conferido. También creo que Dios se sienta en un trono para decidir todos los sucesos, de manera definitiva, conforme al propósito que dispuso en Cristo Jesús desde antes de la fundación del mundo. Ahora bien, como estamos hablando acerca de la adoración, consideremos el gozo y el deleite que experimentan las criaturas celestes, los serafines, alrededor del trono de Dios. Este es el relato de Isaías:

> Por encima de él había serafines; cada uno tenía seis alas; con dos cubrían sus rostros, con dos cubrían sus pies, y con dos volaban. Y el uno al otro daba voces, diciendo: Santo, santo, santo, Jehová de los ejércitos; toda la tierra está llena de su gloria (6:2-3).

Sabemos muy poco acerca de estos seres creados, pero me impresiona su actitud de adoración reverente. Están cerca del trono y arden de amor exultante por la Deidad. Están absortos en sus cánticos antifonales: "¡Santo, santo, santo!".

Muchas veces me he preguntado por qué los rabinos, santos, y autores de himnos de la antigüedad no alcanzaron el conocimiento de la Trinidad nada más a partir de la alabanza de los serafines: "Santo, santo, santo". Yo soy trinitario. Creo en un Dios, el Padre Todopoderoso, creador del cielo y de la tierra. Creo en el Señor Jesucristo, Hijo del Padre, Unigénito y eterno. Creo en el Espíritu Santo, el Señor y dador de la vida, quien junto con el Padre y el Hijo recibe adoración y glorificación. Esta es una escena muy conmovedora, la de los serafines que adoran a Dios. Cuanto más leo mi Biblia, más creo en el Dios trino.

En la visión de Isaías, los serafines cantaban sus alabanzas a la

Trinidad 800 años antes de que María llorara de gozo, y que su bebé gimiera en un pesebre en Belén, cuando la segunda persona de la Trinidad, el Hijo eterno, vino a la tierra para morar en medio nuestro. Así pues, las palabras claves, y el fundamento de nuestra adoración deben seguir siendo "¡Santo, santo, santo!".

Muchos cristianos se arrepienten nada más por lo que hacen, en lugar de arrepentirse por lo que son.

He notado que muchos cristianos se sienten realmente incómodos con los atributos de santidad de Dios. En esos casos no puedo evitar cuestionar la calidad de la adoración que ellos tratan de ofrecerle. La palabra "santo" es más que un adjetivo que denota que Dios es un Dios santo; es una imputación alborozada de gloria al Dios trino. No estoy seguro de si sabemos realmente lo que significa, pero creo que podemos intentar definirla.

La pureza moral absoluta solo puede describir a Dios. Todo lo que parece bueno entre los hombres debe descartarse, porque somos humanos. Ninguno de nosotros es moralmente puro. Abraham, David y Elías, Moisés, Pedro y Pablo, todos fueron buenos hombres. Fueron partícipes de la comunión con Dios. Pero todos tuvieron sus fallas y debilidades como miembros de la raza adámica. Cada uno tuvo que experimentar el humilde arrepentimiento. Dado que Dios conoce nuestros corazones e intenciones, Él es poderoso para restaurar a sus hijos que confían en Él, que son sinceros y están en la fe.

Gran parte de nuestra limitación para experimentar una comunión continua con un Dios santo radica en que muchos cristianos se arrepienten nada más por lo que hacen, en lugar de arrepentirse por lo que son. Examinar la reacción de Isaías, cuando experimentó aquel sentimiento absoluto de profanidad en presencia de la pureza moral del Ser divino, puede ayudarnos a cuestionar la calidad de nuestra adoración. Recuerda que Isaías era un joven admirable, educado, religioso, y primo del rey. Hubiera sido un excelente diácono en la iglesia. En nuestros días le pediríamos que sirviera en una de nuestras juntas de misiones.

Sin embargo, en este pasaje, Isaías era un hombre estupefacto. Quedó pasmado y su mundo entero quedó convertido repentinamente en un vasto resplandor eterno. En medio de tanto resplandor, él sobresalía como una mancha, una mancha roja y negra, los colores del pecado. ¿Qué sucedió? Isaías, un humano y nada más que eso, había vislumbrado a Aquel cuyo carácter y naturaleza emanan perfección. Él apenas logró testificar: "Mis ojos han visto al Rey".

En la definición de "santo, santo" debe ciertamente haber lugar para el "misterio", si queremos tener una apreciación eficaz de nuestro Dios en nuestro intento por adorar. En varios círculos cristianos hay líderes que saben tanto acerca de las cosas de Dios que se ofrecerán a responder cada pregunta que puedas tener. Sin embargo, existe en toda la extensión del reino de Dios un sentido de misterio divino que trasciende el misterio que descubren los científicos en cada esfera del reino natural.

Hay quienes presumen de conocer todo acerca de Dios, que fingen poder explicar todo acerca de Dios, acerca de su creación, acerca de sus pensamientos y acerca de sus juicios. Han ingresado a las filas de los racionalistas evangélicos. Terminan vaciando la vida de misterio, y vaciando la adoración de misterio. Con esto, han sacado igualmente a Dios. El tipo de actitud de "sabelotodo" acerca de Dios, que vemos en algunos maestros hoy, los pone en aprietos. Están obligados a criticar y condenar a cualquier hombre que tome una posición ligeramente diferente a la suya. Nuestro ingenio, pretensión y pericia bien podrían revelar la incapacidad de nuestro espíritu de asombro frente a lo divino, lo silencioso y lo maravilloso, que exhala un susurro: "Oh, Señor Dios, tú sabes".

En Isaías 6 vemos una descripción clara de lo que experimenta una persona en el misterio de la Presencia. Isaías, vencido en su propio ser, solo atinó a confesar humildemente: "¡Soy un hombre de labios inmundos!". Te recuerdo que Isaías reconocía la "extrañeza", parte del misterio de la Persona de Dios. En esa Presencia, Isaías no halló lugar para bromear ni para el cinismo ingenioso, o para familiaridad humana. Halló en Dios una extrañeza, es decir, una presencia desconocida para el humano pecador, mundano y auto-suficiente. Una persona que ha sentido lo que Isaías sintió nunca podrá bromear acerca del "Hombre allá arriba" o de "Alguien allá arriba que me quiere". Se dice que una de las actrices de cine que todavía merodea en los clubes nocturnos después de su supuesta conversión a Cristo, dijo a alguien: "Deberías conocer a Dios. Ya sabes, ¡Dios es un muñeco viviente!". Leí otro comentario de un hombre: "Dios es un buen tipo".

Confieso que, cuando escucho o leo esta clase de comentarios, siento un gran dolor por dentro. Hermano o hermana, hay algo acerca de nuestro Dios que es *diferente*, que nos excede, que está muy por encima de nosotros, algo trascendente. Debemos con humildad estar dispuestos a derramar nuestro corazón y rogar: "Dios, alumbra mi entendimiento porque de ningún otro modo podré encontrarte". El misterio, la extrañeza, está en Dios. Nuestro Señor no espera que nos comportemos como zombis cuando nos volvemos cristianos. En cambio, sí espera que tengamos nuestra alma abierta al misterio que es Dios. Creo que es apropiado decir que un cristiano genuino debería ser un misterio andante, porque ciertamente es un milagro andante. Gracias a la dirección y el poder del Espíritu Santo, el cristiano tiene una vida diaria y unos hábitos que no tienen explicación. Un cristiano debería tener en su ser un componente que va más allá de la psicología, más allá de todas las leyes naturales, y se proyecta a la esfera de las leyes espirituales.

Dios es un fuego consumidor. Sabemos que es temible caer en manos del Dios vivo. ¿Recuerdas el primer capítulo de Ezequiel? El abatido profeta vio el cielo abierto. Le fue dada una visión de Dios. Y entonces vio criaturas con cuatro rostros que salieron del fuego.

> El mundo de hoy es impuro, y parece ignorarlo casi por completo.

Pienso en nuestros testimonios y ministerios. Los cristianos deberíamos ser hombres y mujeres que salen del fuego. Dado que nuestro Dios es santo, Él es enemigo acérrimo del pecado. Dios solo puede consumir sin parar y para siempre el pecado. En otro pasaje, Isaías preguntó: "¿Quién de nosotros morará con el fuego consumidor? ¿Quién de nosotros habitará con las llamas eternas?" (33:14).

Isaías no estaba pensando en aquellos que serían separados de Dios. Él se refería a una compañía que viviría para Dios y moraría con Dios. Él mismo responde su pregunta: "El que camina en justicia y habla lo recto... éste habitará en las alturas" (33:15-16).

El Ejército de Salvación siempre ha tenido el lema "Sangre y fuego". En las cosas de Dios, yo soy partidario de esta posición. Conocemos el limpiamiento por medio de la sangre de Cristo. Las referencias a la obra de Dios a menudo tienen que ver con una llama santa. Juan el Bautista señaló la venida de Cristo y dijo: "Yo a la verdad os bautizo en agua para arrepentimiento... Él os bautizará en Espíritu Santo y fuego" (Mt. 3:11).

Cuando Isaías exclamó "¡ay de mí!", fue un gemido de dolor. Fue el gemido revelador de alguien que es consciente de su impureza. Él veía el contraste de su ruina como criatura frente a la santidad del Creador.

¿Qué debería suceder en una conversión genuina? ¿Qué debería sentir una persona en la transacción del nuevo nacimiento? Debería estar presente ese clamor de dolor, real y genuino. Por eso no me gusta la clase de evangelismo que trata de invitar a las personas a tener comunión con Dios llenando una tarjeta. Debería haber un nacimiento de lo alto y en el interior. Se debería experimentar el horror de contemplarnos en tenaz oposición con el Dios santo, santo, santo. A menos que experimentemos esta convicción y dolor, no estoy seguro de cuán profundo y real llegue a ser nuestro arrepentimiento.

Hoy día no es cuestión de si tenemos o no la pureza de Isaías, sino de si somos conscientes, al igual que él, de nuestra condición. Él era impuro y, gracias a Dios, se dio cuenta de ello. Pero el mundo de hoy es impuro, y parece ignorarlo casi por completo. La impureza que se desconoce acarrea terribles consecuencias. Eso es lo que está mal con la iglesia cristiana y con nuestro protestantismo. Nuestro problema es la depravación que sigue presente en el círculo de los justos, entre aquellos que están llamados a ser santos, entre aquellos que afirman ser almas notables.

Nos gustan la visión y el entendimiento de Isaías. Sin embargo, no nos gusta pensar en el carbón encendido que sale del fuego y se aplica a los labios del profeta. La purificación por sangre y por fuego. Los labios de Isaías, símbolo de toda su naturaleza, fueron purificados por fuego. Dios podía entonces decirle: "es quitada tu culpa, y limpio tu pecado" (6:7). Fue así como Isaías, sorprendido y adolorido, pudo experimentar un sentir genuino de la restauración de su inocencia moral. Fue así como descubrió instantáneamente que estaba listo para adorar, y también dispuesto y ansioso por servir en la voluntad de Dios. Si cada uno de nosotros hemos de experimentar la certeza del perdón y la restauración de nuestra inocencia moral, el fuego de la gracia de Dios debe tocarnos. Solo en las profundidades del amor perdonador de Dios, los hombres y las mujeres pueden ser restaurados de esa manera, y ser facultados para servirle.

De igual modo, ¿existe otro camino para que las criaturas de Dios puedan prepararse y estar listas para adorarlo? Solo puedo recordarte la profunda necesidad que hay en este tiempo tan difícil cuando los hombres se esfuerzan tanto por reducir a Dios a su tamaño. Muchos creen también que es posible controlar al Dios soberano y rebajarlo a un plano en el que pueden usarlo a su antojo. En

Sin una dependencia absoluta del Espíritu Santo estamos destinados a fracasar.

nuestros círculos cristianos, somos propensos incluso a depender demasiado de técnicas y métodos para realizar la obra que Cristo nos ha confiado. Sin una dependencia absoluta del Espíritu Santo estamos destinados a fracasar. Si nos hemos engañado creyendo que podemos hacer solos y en nuestras fuerzas la obra de Cristo, nunca se hará. El hombre a quien Dios usará debe estar necesitado. Debe ser un hombre que ha visto al Rey en su hermosura. Nunca demos por hecho nada acerca de nosotros, hermanos.

¿Sabes quién me causa mayores problemas? ¿Sabes quién es motivo de más oración en mi trabajo pastoral? Yo mismo. No lo digo para parecer humilde, porque toda mi vida he predicado a personas que son mejores que yo. Te digo otra vez que Dios nos ha salvado para ser adoradores. Que Dios nos muestre una visión de nosotros mismos que nos rebaje al punto de total depreciación. De allí, Dios puede exaltarnos para adorarlo, alabarle, y testificar.

LA ADORACIÓN GENUINA INVOLUCRA LOS SENTIMIENTOS

Mas yo en tu misericordia he confiado; mi
corazón se alegrará en tu salvación. Cantaré
a Jehová, porque me ha hecho bien.

SALMO 13:5-6

Si Jesús tarda, ¿cuánto crees que falta para que algunas de las nuevas iglesias maravillosas como aquellas en el primitivo valle de Baliem en Irian Jaya, Indonesia, envíen misioneros del evangelio a Canadá y los Estados Unidos? Si tal idea te molesta, necesitas con urgencia leer este capítulo.

Tengo razones para sugerir esto como una posibilidad futura. En Chicago me presentaron a un hermano cristiano muy serio proveniente de su natal India, con un testimonio emotivo y saturado de gratitud por la gracia de Dios en su vida. Le pregunté acerca de su trasfondo eclesial, evidentemente. Él no era pentecostal. Tampoco anglicano, ni bautista. No era presbiteriano ni metodista. Ni siquiera sabía lo que significaba la palabra "interdenominacional". Era simplemente un hermano en Cristo. Este indio había nacido en la religión hindú, pero se convirtió y llegó a ser discípulo de Jesucristo por medio de la lectura y el estudio serio del relato del Nuevo Testamento acerca de la muerte y la resurrección de nuestro Señor. Hablaba inglés lo suficiente para expresar sus inquietudes cristianas por el mundo y por las iglesias. Le pedí que hablara desde mi púlpito.

A través de ese encuentro me di cuenta de que, a menos que nos levantemos espiritualmente, a menos que volvamos al amor y la adoración genuinos, podemos perder nuestra luz. Puede que de verdad necesitemos que vengan aquí misioneros. ¡Puede que necesitemos que ellos nos muestren lo que es el cristianismo genuino y lleno de vida! Nunca deberíamos olvidar que Dios nos creó para ser adoradores gozosos, pero el pecado nos arrastró a cualquier otra cosa menos a la adoración. Entonces, por el amor de Dios y la misericordia de Cristo Jesús, fuimos restaurados a la comunión con la Trinidad gracias al milagro del nuevo nacimiento.

Dios nos recuerda: "Han sido perdonados y restaurados. Yo soy su Creador, Redentor y Señor, y me deleito en su adoración".

Yo no sé cómo te haga sentir eso, pero yo siento que debo ofrecer a Dios la respuesta más vehemente de mi corazón. Estoy dichoso de ser contado como un adorador.

Pues bien, he utilizado la palabra "sentir", y sé que tal vez haya causado una reacción inmediata de rechazo. De hecho, algunas personas me han dicho en tono dogmático que ellas nunca permitirán que los "sentimientos" interfieran en su vida y experiencia espirituales. Mi respuesta es: "¡Qué lástima que se lo pierdan!". Lo digo porque he expresado una definición muy real de lo que creo que es la verdadera adoración: ¡adorar consiste en sentir en el corazón!

En la fe cristiana debemos poder utilizar claramente y sin reservas la palabra "sentir". ¿Acaso se podría decir algo peor de la iglesia cristiana sino que somos un pueblo de gente sin sentimientos?

La adoración siempre debe nacer de una actitud interna. Expresa una serie de aspectos que incluyen el mental, espiritual y emocional. Aunque en ocasiones no adores con el mismo grado de asombro y amor que lo haces en otros momentos, la actitud y el estado de la mente permanecen constantes cuando estás adorando al Señor.

A veces puede parecer que un esposo y padre no ama ni valora a su familia con la misma intensidad cuando está desanimado, cuando está cansado tras horas de trabajo, o cuando las circunstancias lo deprimen. A pesar de que no demuestre externamente tanto amor hacia su familia, ese amor está allí, porque no es un sentimiento nada más. Es una actitud y un estado de la mente. Es un acto recurrente que experimenta diversos grados de intensidad y de perfección.

Yo llegué al reino de Dios con gozo, consciente de que había sido perdonado. Conozco un poco acerca de la vida emocional que acompaña la conversión a Cristo. No obstante, recuerdo bien que, durante mis primeros días

> **Debe haber humildad en el corazón de la persona que adora a Dios en espíritu y en verdad.**

de comunión cristiana, hubo quienes me advertían acerca de los peligros del "sentimiento". Citaban el ejemplo bíblico de Isaac cuando tocó los brazos de Jacob y pensó que era Esaú. De ahí que el hombre se dejara guiar por sus sentimientos y terminara engañado. Eso suena interesante, pero no constituye un buen fundamento para establecer una doctrina cristiana.

Recuerda a la mujer enferma de la que hablan los Evangelios, que sufrió durante doce años un problema relacionado con la sangre, y que había sufrido mucho y a manos de muchos médicos. Marcos relata que cuando ella escuchó acerca de Jesús, se movió entre la multitud y apenas tocó su manto. En ese mismo instante "la fuente de su sangre se secó; y sintió en el cuerpo que estaba sana de aquel azote" (Mr. 5:29). Consciente de lo que había sucedido en ella gracias al Salvador, ella "vino y se postró delante de Él, y le dijo toda la verdad" (5:33). Su testimonio fue en adoración y alabanza. Ella sintió en su cuerpo que había sido sanada.

Quienes hemos sido bendecidos en nuestro propio ser interior no vamos a unirnos a ninguna cruzada "en pos de nuestros sentimientos". Por otro lado, si no hay sentimiento alguno en nuestro corazón, ¡estamos muertos! Si mañana te despiertas y tu brazo derecho está completamente entumecido, sin sensación física alguna, no tardarás en llamar al médico con tu mano izquierda que funciona.

La verdadera adoración es, entre muchas otras cosas, un sentimiento acerca del Señor nuestro Dios. Está en nuestros corazones. Y debemos estar dispuestos a expresarlo como conviene. Podemos expresar de muchas formas nuestra adoración a Dios. Sin embargo, si amamos al Señor y somos guiados por su Espíritu Santo, nuestra adoración siempre debe producir una sensación grata de temor reverente, e inspirar en nosotros una humildad sincera.

La persona orgullosa y altiva no puede adorar a Dios de manera más aceptable que el arrogante diablo en persona. Debe haber humildad en el corazón de la persona que adora a Dios en espíritu y en verdad.

Me incomoda la manera en que muchos piensan en estos tiempos modernos acerca de la adoración. ¿Puede la verdadera adoración ser manipulada y maquinada? ¿Puedes predecir junto conmigo un tiempo futuro en el que los pastores sean llamados "ingenieros espirituales"? He oído llamar a los psiquiatras "ingenieros humanos" y, por supuesto, se ocupan de nuestra cabeza. Hemos reducido tantas cosas a la ingeniería, o a términos científicos y psicológicos, que la llegada de los "ingenieros espirituales" es una posibilidad. Sin embargo, esto nunca reemplazará lo que he denominado "el asombro que deja estupefacto" cuando la Biblia describe a los adoradores.

En el libro de Hechos encontramos mucho asombro y estupefacción espirituales. Siempre encontrarás estos elementos presentes cuando el Espíritu Santo dirige a los creyentes. Por otro lado, no encontrarás ni asombro ni estupefacción en las personas cuando el Espíritu Santo está ausente.

Los ingenieros pueden lograr muchas cosas en sus campos de trabajo, pero ninguna fuerza humana ni la mera dirección humana pueden obrar los misterios de Dios entre los hombres. Si no hay asombro, si no hay misterio, nuestros esfuerzos por adorar serán inútiles. No habrá adoración sin el Espíritu. Si se puede entender y explicar a Dios por nuestros medios humanos, yo no puedo adorarlo. Una cosa es segura. ¡Yo nunca me pondré de rodillas y diré: "Santo, santo, santo" a algo que he sido capaz de descifrar y comprender en mi propia mente! Aquello que puedo explicar nunca me llevará a la dimensión del asombro. Nunca puede maravillarme, ni llenarme de admiración o sobrecogimiento.

Los filósofos denominaron al antiguo misterio de la persona de Dios, el "*misterium conundrum*". Quienes somos hijos de Dios por la fe lo llamamos "Padre nuestro que estás en los cielos". En algunos sectores de la iglesia donde hay vida y bendición, y asombro en la adoración, también está presente un sentido de misterio divino. Pablo lo resumió en las palabras: "Cristo en vosotros, la esperanza de gloria".

A la luz de lo anterior, ¿qué sucede en una iglesia cristiana cuando una obra fresca y viva del Espíritu de Dios trae avivamiento? Según mi estudio y mis observaciones, un avivamiento resulta, por lo general, en la impartición de un espíritu de adoración. Este no es el resultado de alguna obra de ingeniería o manipulación. Es algo que Dios imparte a las personas que tienen hambre y sed de Él. Con la renovación espiritual viene un espíritu bendito de adoración saturada de amor. Estos creyentes adoran gozosos porque tienen una opinión muy elevada de Dios. En algunos círculos, Dios ha sido abreviado, reducido, modificado, editado, cambiado y corregido hasta que deja de ser el Dios que vio Isaías, sublime y exaltado. Dado que la imagen de Dios ha sido rebajada en la mente de tantas personas, ya no tenemos la confianza ilimitada en su carácter que solíamos tener. Él es el Dios a quien acudimos sin dudas, sin temores. Sabemos que Él no nos engañará ni defraudará. Él no quebrantará su pacto ni cambiará de opinión. Tenemos que estar convencidos de tal modo que podamos ir a su presencia en absoluta confianza. En nuestros corazones está este compromiso: "sea Dios veraz, y todo hombre mentiroso" (Ro. 3:4).

Necesitamos deleitarnos en la presencia de la excelencia absoluta e infinita.

¡El Dios de toda la tierra no puede engañar! Él no necesita que alguien lo rescate. Menos mal que cuando Dios nos hizo a su imagen, Él nos dio la capacidad de apreciar y admirar sus atributos.

Una vez escuché al doctor George D. Watson, uno de los grandes maestros bíblicos de su generación, cuando señaló que los hombres pueden tener dos tipos de amor por Dios: el amor de gratitud, o el amor de excelencia. Él nos exhortó a no conformarnos con la gratitud sino a amar a Dios solo porque Él es Dios, y en virtud de la excelencia de su carácter. Por desdicha, los hijos de Dios rara vez van más allá de las fronteras de la gratitud. Rara vez escucho a alguien, en oración de adoración, expresar alguna admiración o alabanza a Dios por su excelencia eterna.

Muchos de nosotros no somos más que cristianos de "papá Noel". Nos parece que Dios consiste en armar el árbol de Navidad y poner debajo los regalos. Eso no es más que un tipo de amor elemental. Tenemos que ir más allá. Tenemos que experimentar la bendición de adorar en la presencia de Dios sin pensar en afán alguno de salir de esta. Necesitamos deleitarnos en la presencia de la excelencia absoluta e infinita. Tal adoración tendrá el ingrediente de deslumbramiento, de intensa emoción moral. Es evidente que muchos hombres y mujeres de la Biblia experimentaron esta clase de deslumbramiento en su comunión con Dios. Si Jesús el Hijo ha de ser conocido, amado y servido, debemos permitir al Espíritu Santo alumbrar nuestra vida humana. La presencia de Dios cubrirá entonces por completo esa personalidad y la llevará a un estado de embeleso y arrobamiento.

¿Qué mueve a un ser humano a exclamar palabras como las del siguiente poema?

> Oh, Jesús, Jesús, ¡amado Señor!
> perdóname si digo,
> con cada latido, tu sagrado nombre
> miles de veces al día.
>
> Arde, arde, oh amor, en mi corazón,
> arde intensamente noche y día,
> hasta que la escoria de amores terrenales
> se consuma y extinga.

Estas expresiones provienen del corazón adorador de Frederick Faber. Él vivía embelesado con todo lo que experimentaba en la presencia y en la comunión de un Dios y Salvador amoroso. Ciertamente estaba saturado de una viva emoción moral. Él quedó pasmado frente a la inefable magnitud y el esplendor moral del Ser al que llamamos nuestro Dios. Tal deslumbramiento frente a Dios debe necesariamente incluir un elemento de adoración. En este contexto puedes pedirme una definición de adoración. Yo diría que cuando adoramos a Dios, todos los elementos hermosos de la adoración quedan bajo la luz blanca e incandescente del fuego del Espíritu Santo. Adorar a Dios significa que lo amamos con todas las fuerzas de nuestro ser. Lo amamos con temor y admiración, con anhelo y asombro.

> **Adorar a Dios significa que lo amamos con todas las fuerzas de nuestro ser. Lo amamos con temor y admiración, con anhelo y asombro.**

La exhortación de "amarás al Señor tu Dios con todo tu corazón… y con toda tu mente" (Mt. 22:37) solo puede significar una cosa. Significa adorarlo. Yo uso muy poco la palabra "adorar", porque es una palabra con mucha fuerza. Me gustan los bebés y amo a las personas, pero no puedo decir que las adoro. La adoración está reservada al Único que la merece. En presencia de ningún otro ser puedo arrodillarme en temor reverente, asombro y ansia, y sentir el impulso posesivo que exclama: "¡Mío, mío!".

Puede que cambien las expresiones en los himnarios, pero siempre que los hombres y las mujeres están embelesados en adoración clamarán: "Dios, Dios mío eres tú; de madrugada te buscaré" (Sal. 63:1). La adoración se vuelve una experiencia de amor completamente personal entre Dios y el adorador. Así sucedió con David, con Isaías, con Pablo. Así sucede con todos aquellos cuyo deseo ha sido poseer a Dios. He aquí la verdad dichosa: Dios es mi Dios.

Hermano o hermana, solo hasta que puedas decir "Dios y yo", podrás decir, con algún sentido, "nosotros". Solo hasta que hayas podido encontrarte con Dios en la soledad del alma, tú y Dios a solas, como si nadie más existiera en el mundo, sabrás lo que es amar a otras personas en el mundo.

En Canadá, aquellos que han escrito acerca de la santa hermana Anne, decían: "Ella habla con Dios como si nadie más existiera aparte de Dios, y Él no tuviera más hijos aparte de ella". Esa no era una cualidad egoísta. Ella había descubierto el valor y el deleite de derramar su devoción y adoración personal a los pies de Dios.

La consagración no resulta difícil para una persona que ha tenido un encuentro con Dios. Siempre que hay adoración y fascinación genuinas, el hijo de Dios no quiere nada más aparte de la oportunidad de derramar su amor a los pies del Salvador.

Un joven me comentaba acerca de su vida espiritual. Había sido cristiano durante varios años, pero le preocupaba no estar cumpliendo con la voluntad de Dios para su vida. Habló de frialdad en el corazón y de falta de poder espiritual. Percibí su desaliento, y su temor de tener un corazón duro. Le compartí un pensamiento útil que cité de los escritos de Bernardo de Claraval: "Hermano mío, solo el corazón duro no sabe que es duro. Solo está endurecido el que no sabe que está endurecido. Cuando nos inquieta nuestra frialdad, es por el anhelo que Dios ha puesto allí. Dios no nos ha rechazado".

Dios pone el anhelo y el deseo en nuestro corazón, y Él no se aparta ni nos engaña. Dios nos pide que busquemos su rostro en arrepentimiento y amor, y con ello pone delante de nosotros toda la plenitud de su gracia. En la gracia de Dios, esa es la promesa para el mundo entero… Lo que necesitamos en medio de nosotros es una visitación genuina del Espíritu. Necesitamos que Dios imparta el espíritu de adoración al pueblo de Dios.

ADORAR COMO LOS SERAFINES

En el año que murió el rey Uzías vi yo al Señor sentado
sobre un trono alto y sublime, y sus faldas llenaban
el templo. Por encima de él había serafines; cada uno
tenía seis alas; con dos cubrían sus rostros, con dos
cubrían sus pies, y con dos volaban. Y el uno al otro
daba voces, diciendo: Santo, santo, santo, Jehová de
los ejércitos; toda la tierra está llena de su gloria.

ISAÍAS 6:1-3

En este capítulo nos asomaremos por una ventana a otro mundo que no es el mundo que habitamos. Nos hemos acostumbrado tanto a este mundo cómodo, sencillo, y rutinario, que olvidamos, o tenemos la tendencia a olvidar, que hay otro mundo que afecta a este mundo. En este capítulo, y en algunos otros pasajes de la Biblia, veremos un atisbo de ese mundo, y estamos obligados a ver y a reconocer que ese mundo existe.

Ahora bien, de todas las calamidades que han sobrevenido al

mundo, la peor es sin duda alguna la rendición del espíritu humano a este mundo [eterno] y a sus caminos: la tiranía de las cosas materiales, temporales, de las cosas que son y luego dejan de ser. Ningún monarca ha gobernado sobre sus súbditos amedrentados con tiranía más cruel que las cosas visibles, audibles y tangibles que gobiernan la humanidad. Esta, digo yo, es la peor calamidad de todas…

Sin embargo, la realidad de ese otro mundo se asoma de vez en cuando. Yo lo creo. Lo sigo reiterando porque creo que al hacerlo no solamente digo la verdad, sino que me acerco a ti, o a mis oyentes dondequiera que se encuentren. La realidad de este mundo invisible que es real y cercano a nuestro mundo, este mundo de espíritus, este mundo de Dios, ángeles, serafines, y querubines, la realidad de este mundo a veces entra en contacto con nosotros, aun a pesar del ruido y la confusión de nuestra vida moderna. Todavía existen momentos en los que, a solas, sentimos el otro mundo. Lo percibimos. Sabemos que existe. Tal vez sea solo un instante que experimentamos ese sentimiento, solo por un poco de tiempo. ¡Pero sucede! El hombre fue hecho a imagen de Dios y es una estrella caída, un ser caído, que ha perdido su lugar en el mundo celestial y ha caído en picada como una estrella que desciende de golpe, y aunque está aquí en el mundo ha olvidado casi por completo el lugar de donde vino. Sin embargo, esa realidad sí lo visita de vez en cuando…

Por su parte, el diablo se encarga de que rara vez tengamos tiempos a solas. Cuando un hombre realmente está solo, a veces siente que algo hace falta. Mira a su alrededor todo lo que hay, pero no lo encuentra. Y se dice a sí mismo: *Me gusta, y está bien, y tiene sus ventajas. Hay muchos argumentos a favor de ello, pero hay algo en mí que me dice que eso no es todo. Simplemente no lo es. Hay algo más.*

Frente a la tumba de un ser querido a quien acabamos de despedir con lágrimas, sabemos que eso no es todo. Sabemos que hay algún otro mundo aparte del que vemos. Vemos, por un instante, lo invisible. Y la realidad de ese mundo nos golpea. La mayoría de las personas lo enfrentan zafándose del asunto abruptamente y rehusando por completo pensar en ello. Pero en alguno de esos momentos, la realidad del otro mundo se hará manifiesta claramente delante de cada uno de nosotros. Habrá un momento cuando tendrá lugar la aterradora ruptura. Y entonces, sea que estemos en lo correcto o equivocados, sea que estemos dentro o fuera del reino, conoceremos mediante un conocimiento que ya no es fe, sino un conocimiento que es realidad visible, tangible y audible. Sabremos que hay otro mundo además del mundo en que vivimos.

El cristiano es quien se ha consagrado a Dios para habitar otro mundo. Y por eso nos ponen apodos. Nos llaman "cantantes de salmos", ¡pero yo no conozco algo más agradable que ser llamado cantante de salmos! Yo conozco los salmos. Ahora, si yo pudiera dedicarme nada más a cantar, estaría dispuesto, y dichoso recorrería las calles mientras los hombres murmuran diciendo: "Miren, ahí va ese viejo calvo cantante de salmos". Me parece que eso sería hermoso. No se me ocurre un mejor apodo que cantante de salmos.

El otro día tomé un libro, olvidé el título, una de esas innumerables antologías de poesía que publican. Aquella era una compilación de dos de los Roosevelt, es decir, de dos personas de la familia de Theodore Roosevelt. Y me senté allí y lo hojeé, leí apartes de poemas, algunos que recordaba y otros que no había visto antes, y eran emotivos. Eran buenos, y trataban acerca de muchos temas, de esto y de aquello, y mientras leía pensaba: *Vaya, es bueno. Este poema es bueno. Muy bien escrito. Es bueno. Muy bien escrito.*

Y luego lo puse a un lado y tomé el antiguo himnario, y empecé a leer los himnos. Himnos de Watson y Montgomery, de Wesley

y de los demás, y dije: "Oh, hermano, aquellos no tenían ese algo.
Los otros escritores de la primera antología, claro que eran buenos,
pero no tenían ese algo. Esto sí es".

Cuando Wesley abre su boca y condensa un versículo de las
Escrituras en cuatro frases que riman, ¡eso es! Cuando Isaac Watts
se sienta y abre el cielo, y en media docena de frases nos muestra
a Dios y a los ángeles y al Espíritu Santo, y la redención, la sangre
del Cordero y la salvación, ¡eso sí es, hermano! Y yo me digo: *Los
otros no eran más que intentos. Apenas si logran tocar el borde. No son
más que mariposas.* En cambio, los escritores de los salmos y de los
himnos, ellos sí que lo tenían. Estaban en contacto con otro mundo.
Estaban enfocados en el mundo sólido y duradero que es el reino.

Isaías vio aquel mundo y dijo que el año en el que tuvo la visión
fue el de la muerte del rey Uzías. Supongo que la escribió muchos
años después, pero lo recordó por el hecho de que fue el año de la
muerte del rey Uzías.

Pensemos ahora en la adoración de estos serafines, estas extrañas
criaturas de seis alas. Yo no sé por qué tenían alas. No sé exactamente
para qué necesitaban seis alas. Hay muchas cosas que no sé. Cuanto
más envejezco, menos sé. Pero cuanto más envejezco, más certeza
tengo de las dos cosas que sí sé. Eso es maravilloso. Puede que uno
no sepa muchas cosas, pero sabemos algunas cosas a la perfección.
Y así sé que hay serafines, y sé que hay otro mundo, y sé que es el
mundo de espíritus, el mundo de nuestro Dios y de su Hijo y del
Espíritu Santo, y es el mundo al que nacen los cristianos por medio
del nuevo nacimiento. Que los partidarios de la dispensación y los
amantes de la minucia teológica discutan estos asuntos todo lo que
quieran. A mí me complace decir que para mí el reino de Dios es el
reino espiritual en el que Dios gobierna como Rey sobre las personas
que nacen por medio del nuevo nacimiento.

Puedes dividirlo, desmenuzarlo, subdividirlo, añadir un verbo griego, y cuando hayas terminado, todavía creer lo que yo creo: que el reino de Dios es el reino del Espíritu Santo conformado por los hombres que nacen de nuevo.

Ahora bien, estas criaturas adoran a Dios con su presencia. Allí estaban... allí estaban, aunque podrían estar en cualquier otro lugar. Pero estaban adorando a Dios, como encontramos en este pasaje. Y hermano, tú adoras a Dios estando allí donde Dios está.

Algunos individuos [creen que] tienen toda la fortaleza. Son pequeños, tienen poca fuerza los individualistas, pero dicen: "Yo no voy a la iglesia. No creo que sea necesario. No me integro con el pueblo de Dios. No me parece en absoluto necesario. Creo que deberíamos retirarnos, y me parece que basta con deambular por ahí el domingo por la mañana".

Los serafines podrían haber dicho algo parecido, pero no lo hicieron. Fueron al lugar donde había adoración. Y adoraron a Dios con su presencia. Nosotros tenemos incluso personas que merodean los alrededores de la iglesia y que dicen: "Si no sientes ganas de ir a la iglesia, ¡no vayas! Si no sientes ganas de ir a la reunión de oración, ¡no vayas!". Y ellos son completamente libres para decir esto si quieren, ¡pero siguen estando aquí en la carne! Y su libertad no es la libertad pura de los espíritus delante del trono. Es la licencia carnal de los hombres convertidos a medias. Dondequiera que Dios esté, allí es donde tienes que estar. Y donde está el pueblo de Dios, allí es donde tienes que estar. Así que el verdadero cristiano adora a Dios con sus intereses, y adora a Dios con su presencia, y allí está presente.

En seguida observo que ellos adoran a Dios con su *servicio*. Tenían pies, alas y manos, y entregaron sus pies, sus alas y sus manos a Dios. Y Dios los tenía todos. Ellos no servían a Dios según su conveniencia, como muchas personas lo hacen. Ellos servían a Dios libremente, y no por obligación. Sin embargo, a la verdad solo tenían tres cosas: sus pies, sus alas, y sus manos. Y con gozo las entregaron todas a Dios. Ellos dijeron: "Toma mis pies, y que a mis manos pueda guiar el impulso de tu amor. Toma mis manos, toma mis pies, toma mi plata, toma mi oro. Toma todo". Así que Dios tiene todo.

> **Adoración no es solo cantar sino hacer y vivir, caminar y trabajar, andar y servir.**

Hermano, si Dios tiene tus pies y tus manos y tus alas, tiene casi todo de ti. Porque tus pies determinan a dónde vas, y tus manos determinan lo que haces, y tus alas, bueno, no sé mucho de eso. Yo no tomé ese curso y no sé lo que significa. Pero si tú estudiaste tipología en la escuela, y tomaste el curso, sabes lo que eso significa. En cambio, si Dios puede tener tus pies, hermano, eso te guardará de ir por caminos equivocados. Y si Dios puede tener tus manos, no harás lo malo.

La semana pasada me senté con el doctor Harold Lundquist y el hermano Phil Luo, y nos tomamos una fotografía en el Instituto Bíblico Moody, y nos sentamos, y el más grande estaba en medio, y a cada lado sentados los dos de mediana talla. Yo miré y dije: "Hermano Lundquist, esa es la mayor cantidad de cuero que he visto reunida en un lugar en toda mi vida". Y así fue, hermano. Tres pares de pies. Y los del hermano Lundquist deben ser talla catorce, los míos, diez y medio, y los del hermano Luo, no sé, pero no eran precisamente zapatos de mujer. Bueno, yo creo que Dios tiene los pies. Dios tiene esos tres pares de pies, hermano. Eran grandes y ciertamente no muy bellos, pero creo que Dios tiene esos tres pares de pies. Y si Dios puede tener tus pies, vas a dirigirte al lugar correcto. Y si Él puede tener tus manos, ¡vas a hacer lo correcto!

Pero tú dices: "¿Qué tiene que ver eso con la adoración?". Porque tú adoras a Dios por tu andar con tus pies y por lo que haces, no solo por lo que cantas y lo que oras. La adoración es más que oración; la oración forma parte de la adoración. La adoración es más que cantar; cantar forma parte de la adoración. Sin embargo, adoración es también vivir. Y en nuestra Biblia vemos que adoración no es solo cantar sino hacer y vivir, caminar y trabajar, andar y servir, de tal modo que podemos adorar a Dios con nuestros pies andando rectamente. Podemos adorar a Dios con nuestras manos haciendo lo recto. Y si tenemos alas, podemos adorar a Dios volando en la dirección correcta.

Los serafines también tenían voz, y ellos *dieron testimonio* de su adoración. Ellos dijeron: "¡Santo, santo, santo, es el Señor Dios Todopoderoso! ¡Toda la tierra está llena de su gloria!". Y en mi opinión, hermanos, hay algo mal en el cristiano callado. En psicopatología existe la "depresión maníaca", una condición que lleva a las personas a permanecer en silencio. Se callan, y ya. No hablan, no pronuncian palabra alguna. Y ahí quedan. Viven ensimismados y se reservan todo, y si algo malo pasa, no quieren hablar. Dios les dio una boca, una boca en frente de ellos, y Él no la dio para que esté abierta noche y día como algunas personas imaginan. Pero sí quiso que usaras esa boca para expresar algunas de las maravillas que Él ha obrado en el interior de tu corazón.

Y cuando acudimos a Dios en Cristo, y nos entregamos a Él, una de las primeras cosas que hacemos es decir: "Abba, Padre". He oído hablar acerca de los cristianos callados, los cristianos ocultos y los cristianos secretos, y he oído a hombres decir que cuando lleguemos al cielo nos llevaremos sorpresas porque encontraremos personas que eran cristianos secretos que nunca hablaron de ello…

¡Me asombra lo necios que podemos ser! ¡Las cosas de las que hablamos revelan lo que es más importante en nuestro corazón! Mi esposa habla de sus nietos, y tú hablas de lo que atesoras en tu corazón. Y si algo ocupa un lugar importante en tu corazón, ¡hablarás de ello!

Algunos de esos tramposos que se sientan en torno a la mesa de naipes y fuman toneladas de cigarrillos nunca tocan el tema religioso. Y si alguien dice: "Bueno, ¡deberíamos hablar de eso!", luego otro arguye que hay cosas demasiado sagradas para mencionarlas. "¡Yo apuesto dos espadas!", dice otro. Pues bien, yo nunca he jugado a los naipes, pero ellos se escudan en el argumento de que hay cosas demasiado sagradas para ser tema de conversación. Lo cierto es que hay cosas que ellos nunca han visto y son incapaces de describir, y ese es su problema. Hay lugares donde nunca han estado, y que desconocen. Ese es su problema. Es toda esa idea de la religión callada que alega "no tengo nada qué decir. Adoro a Dios en mi corazón". No, no es así.

Estos serafines dicen con sus voces: "Santo, santo, santo", y la Biblia conecta fe con expresión, de modo que una fe que nunca se expresa no es fe bíblica. Lo que creemos en nuestro corazón y pronunciamos con nuestros labios es que Jesucristo es Señor y que hemos de ser salvos…

Dios tenía las voces de estos serafines. Yo no sé cómo sonaban. Debo suponer que tenían voces musicales, dado que eran serafines. ¿Tiene Dios tu voz? Ahora te pregunto, ¿tiene Dios tu voz en la escuela? ¿Puede Dios inspirarte a dar testimonio? ¿Hay algo en ti, un impulso que despierta en ti el deseo de hablar acerca de Él? ¿O te cuidas de mantener tu boca cerrada y no dices nada? Sabes todo acerca de los caminos de Dios, pero cuando se trata de Dios en Cristo, ¿cuenta Dios con tu voz? ¿Puedes hablar a tus compañeros acerca del Señor Jesús? ¿Puedes decir algo acerca de Él? ¿Te atreves a hacerlo? ¿Te atreves a inclinar tu cabeza en medio minuto de silencio antes de comer? ¿Le pertenece a Dios tu voz?

Luego observé que sus voces eran a la vez discretas y reverentes, porque cubrían sus pies y cubrían sus rostros. Y supongo que la única razón por la que cubrían sus rostros era la presencia del Dios santo. Cubrían sus rostros en reverencia. La reverencia es algo hermoso, y en esta era terrible en la que vivimos es muy escasa. Algunas iglesias tratan de inducir la reverencia poniendo estatuas, alfombras, y filtrando la luz a través de las ventanas, pero no lo logran. Solo te hacen sentir extraño, como si fuera un funeral. Pero un hombre que ha pasado el velo y ha visto, aunque sea por un instante, el rostro santo del Dios de Isaías nunca puede volver a ser irreverente. ¡Habrá reverencia en su espíritu! Y en lugar de jactancia, cubrirá sus pies con pudor.

¡Las cosas de las que hablamos revelan lo que es más importante en nuestro corazón!

Desearía que el noventa y nueve por ciento y los nueve décimos de todos esos grandes viajeros del mundo, religiosos y no religiosos, cubrieran sus pies cuando regresan de lugares lejanos. Estoy harto de esos jovencitos prodigiosos que solo viajan por todas partes y regresan a casa para entretener a cambio de una ofrenda, y relatan sus aventuras. O hermano, pon un asno en un vagón en San Luis y envíalo a Omaha, y cuando llegue allá, seguirá siendo un asno. Ponlo en el vagón y mándalo de vuelta, y cuando regrese, seguirá siendo un asno. Y aún así, tenemos la idea equivocada de que si un sujeto se sube a una máquina y vuela por el mundo y regresa, ¡ha sido transformado! No. No ha sido transformado. Nada más ha recorrido más territorio. Cualquier pato ordinario puede hacer eso. Un pato empieza en Canadá y vuela a Florida, y recorre mucho territorio. En la primavera siguiente regresa de nuevo.

Los hombres hacen dinero y se llenan los bolsillos de billetes verdes que consiguen de la gente ingenua de las iglesias. Quieren contarte dónde han estado. Yo no sé ni me interesa dónde han estado. Quiero saber hacia dónde se dirigen. Eso es lo único que importa. ¿Hacia dónde se dirige, hermano?

Siento mucha compasión por los jóvenes de traje rojo en uno de esos hoteles, esos maleteros. Un sujeto vino y tenía su maleta cubierta por capas de etiquetas de aerolíneas. Volaba por todo el mundo. Y este joven maletero pensó, *Tal vez él me dará una buena propina si limpio la maleta*. Y se dio a la tarea y la dejó limpia. Y cuando el sujeto regresó, ahí estaba su maleta como nueva. Le habían quitado todas las etiquetas. Había arruinado la reputación de aquel sujeto, como imaginarás. ¡Y ahora, cuando anda por ahí, nadie sabe dónde ha estado! Pero, de todas maneras, no me importa dónde ha estado, ¡porque un bobo puede ir a Alemania y volver, y seguir siendo un bobo!

Abraham Lincoln nunca salió de los Estados Unidos, y Jesús nunca salió de Palestina. Durante años trataron de enviarme a todas partes y pagarme viajes, y yo podría haber ido, y de paso tomarme un refresco adicional. Cuando Dios me dice que vaya, yo voy. Pero yo no iría solo por ir. En especial, no regresaría para gastar el tiempo de los demás escuchando mi relato.

Los serafines cubrían sus pies. Debían haber estado en algún lugar, porque tenían pies y alas. Sin duda habían estado en alguna parte, pero escondieron sus pies para que las personas no supieran dónde habían estado. Hubieran podido decir: "¡Miren dónde he estado! ¡Miren lo que he visto!".

Y luego se cubrieron sus rostros con reverencia delante del Dios Todopoderoso, porque allí estaba el gran Dios. Su adoración fue pura y espontánea, voluntaria y ferviente. La palabra *serafín* significa "hornilla ardiente". Me pregunto ¿qué eres tú? ¿Cuánto fuego hay en tu interior? Estas criaturas, estas maravillosas criaturas que habitan otro mundo, adoran a Dios día y noche en su templo. Fueron llamados hornillas.

¿Qué tan ferviente eres? Jesús dijo a la iglesia: "Has dejado tu primer amor" (Ap. 2:4). "Primer" se refiere al grado de amor, no al tiempo. Él dice: No me amas con el fervor con que solías amarme. Esto contrista a Dios y evidencia un retroceso en el corazón del individuo. Esas hornillas están delante de nosotros como ejemplo. Y Dios nos llama a mirar hacia lo alto, y a ver que ellos le servían allí día y noche con fervor de espíritu. Y ¿qué de mi corazón?

Hermano, yo quiero preguntarte: ¿Eres un cristiano fervoroso? ¿Late tu corazón al punto de emanar calor? ¿Hay fuego en el interior de tu espíritu? Bien, eres religioso, y sabes que te has convertido, pero ¿estás lleno de fuego? "Él os bautizará en Espíritu Santo y fuego". Algunos han intentado decir que esto significa juicio en derredor, pero cuando el Espíritu Santo vino, vino como fuego, así que eso queda fuera de discusión.

Es fuego lo que necesitamos, fervor interno que brille, que arda. Hablemos de diatermia. Alguien empleó el término hoy en mi sesión. La diatermia consiste en calentar el interior de un cuerpo de tal modo que el calor atraviesa los tejidos. Yo creo en la diatermia espiritual. Creo que Dios quiere atravesar el espíritu con su calor, penetrarlo por completo. Y que de repente despertemos a la realidad de que el cielo y la tierra están llenos de la gloria del Señor.

Un anciano inglés dijo: "Nunca se disfruta el mundo realmente", refiriéndose al mundo pecaminoso, no al mundo natural de Dios. "Nunca se disfruta el mundo realmente, hasta que te despiertes cada mañana en el cielo y te veas en el palacio de tu Padre, y mires a los cielos y la tierra, y el aire como gozos celestiales, sintiendo una estima reverente por todo, como si estuvieras entre los ángeles. La novia de un monarca en el aposento de su esposo no tiene un motivo de deleite siquiera comparable al tuyo".

Hermanos, no deberíamos conformarnos con ser simplemente cristianos. Hemos abusado de ese término al punto que es casi ofensivo oírlo. Dices: "Soy nacido de nuevo. Soy nacido de nuevo". Pues bien, ya lo sé. Eres nacido de nuevo. Gracias a Dios, o nunca habrías visto el reino. Es el deber de todo recién nacido ocuparse de crecer, desarrollarse, hacer algo en el mundo antes de volver a quedarse dormido. Y es el deber del cristiano nacido de nuevo entrar en la plenitud del Espíritu Santo, rendir sus manos, sus pies, sus alas, su voz, su cerebro, su presencia, y su todo, a Jesucristo, y ser lleno con el fuego de su amor.

Amigos, nuestro problema es la falta de éxtasis. Los serafines estaban extáticos. Y nosotros aseguramos que somos seguidores del Cordero y adoradores del Rey, pero somos tibios y fríos, y nuestras notas monótonas y desprovistas de vida. Que Dios nos ayude.

DIOS QUIERE QUE SEAMOS ADORADORES

Bendeciré a Jehová en todo tiempo; su
alabanza estará de continuo en mi boca.

SALMO 34:1

¿Inclinas en silencio y reverencia la cabeza cuando entras en una iglesia evangélica corriente?

No me sorprendería que tu respuesta fuera negativa.

Mi espíritu se aflige cuando voy a la iglesia promedio, porque nos hemos vuelto una generación que rápidamente pierde todo el sentido sagrado de lo divino en nuestra adoración. Muchos de los que se han criado en nuestras iglesias ya no piensan en términos de reverencia, lo cual parece indicar que dudan de la presencia de Dios en ese lugar.

En demasiadas iglesias podemos percibir la actitud de que cualquier cosa vale. A mí me parece que la pérdida de sensibilidad de Dios en medio nuestro es una pérdida tan terrible que jamás se podrá calcular.

Gran parte de la culpa debe recaer sobre la aceptación creciente de un secularismo mundano que parece mucho más atrayente en nuestros círculos evangélicos, que cualquier hambre y sed por la vida espiritual que agrada a Dios. Secularizamos a Dios, secularizamos el evangelio de Cristo, y secularizamos la adoración.

Ningún gran hombre de Dios con poder espiritual va a venir a una iglesia semejante. Ningún movimiento espiritual de oración de fe y avivamiento va a salir de esa clase de iglesia. Si Dios ha de ser honrado, reverenciado y en verdad adorado, tiene que sacarnos de ahí y empezar en otro lugar.

Existe entre nosotros la necesidad de una adoración verdadera. Si Dios es quien dice ser, y si nosotros somos el pueblo creyente de Dios que aseguramos ser, debemos adorarlo. Yo no creo que experimentemos jamás el deleite verdadero de la adoración a Dios si nunca hemos tenido un encuentro personal y espiritual con Él por medio del nuevo nacimiento de arriba. ¡Es el nacimiento que Dios mismo derrama por el Espíritu Santo!

Hemos elaborado un discurso tan suavizado, casi secularizado, para introducir a las personas al reino de Dios, que ya no logramos encontrar hombres y mujeres dispuestos a buscar a Dios por medio de la crisis que supone un encuentro. Cuando los traemos a nuestras iglesias, no tienen idea de lo que significa amar y adorar a Dios, porque la ruta por la que los hemos traído no pasa por un encuentro personal, ni una crisis personal, ni la necesidad de arrepentirse. Solo hay un versículo bíblico con una promesa de perdón.

¡Cuánto desearía poder describir la gloria de Aquel que es digno de recibir nuestra adoración! Creo que si nuestros nuevos convertidos, los bebés en Cristo, lograran ver sus mil atributos e incluso comprender parcialmente su ser, se desmayarían de ansias de adorarlo, honrarlo y reconocerlo, ahora y para siempre.

Sé que muchos cristianos desanimados no creen verdaderamente en la soberanía de Dios. En ese caso, no estamos llevando a cabo nuestro papel como seguidores humildes y confiados de Dios y de su Cristo.

Aun así, esa es la razón por la cual Cristo Jesús vino a nuestro mundo. Los antiguos teólogos lo llamaban el teantropismo, es decir, la unión de la naturaleza humana y divina en Cristo. Este es un gran misterio, ante el cual me quedo pasmado. Me quito los zapatos y me arrodillo delante de esta zarza que arde, este misterio que no comprendo.

El teantropismo es el misterio de Dios y hombre unidos en una misma Persona. No dos personas, sino dos naturalezas.

Así pues, la naturaleza de Dios y la naturaleza del hombre están unidas en Aquel que es nuestro Señor Jesucristo. Todo lo que es Dios y todo lo que es el hombre están en Cristo fusionados eterna e inextricablemente.

Recuerda la experiencia de Moisés en el desierto cuando contemplaba el fuego que ardía en la zarza que no se consumía. Moisés no dudó en arrodillarse delante de la zarza y adorar a Dios. Moisés no estaba adorando la zarza, sino a Dios y su gloria que se hacían manifiestas en la zarza.

Esa es una ilustración imperfecta, porque cuando el fuego se apartó de la zarza, volvió a ser una zarza corriente.

En cambio, este Hombre, Cristo Jesús, es el Hijo eternamente. En la plenitud de este misterio nunca ha habido una separación, excepto el horrible momento en el que Jesús clamó: "Dios mío, Dios mío, ¿por qué me has desamparado?" (Mt. 27:46). El Padre dio la espalda por un momento cuando el Hijo cargó la masa putrefacta de nuestro pecado y nuestra culpa, muriendo en la cruz no por su propio pecado, sino por el nuestro.

La deidad y la humanidad nunca se separaron. Y hasta este día permanecen unidas en ese solo Hombre. Cuando nos arrodillamos delante de Él y decimos: "Mi Señor y mi Dios, tu trono, O Dios, es por siempre y para siempre", le hablamos a Dios.

Tú no adoras a Dios como deberías si tienes tu vida dividida en compartimentos de tal modo que algunas áreas adoran y otras no.

Creo que los profetas de Dios previeron mucho más allá los misterios de Dios de lo que podemos ver hoy día con nuestros grandes y modernos telescopios y medios electrónicos para medir los años luz, los planetas y las galaxias.

Los profetas vieron al Señor nuestro Dios. Ellos lo vieron en su hermosura, y trataron de describirlo.

Lo describieron hermoso en su resplandor, un ser adorable. Dijeron que estaba lleno de realeza y de gracia. Lo describieron como un ser majestuoso y, a la vez, manso. Lo vieron justo y lleno de verdad. Trataron de describir su amor con toda su alegría, gozo y aroma.

Cuando los profetas tratan de describirme los atributos, las gracias, los méritos del Dios que se apareció a ellos y se comunicó con ellos, siento que puedo postrarme conforme a su exhortación: "Inclínate a Él, porque Él es tu Señor".

Él es hermoso y regio. Su gracia en nada disminuye su majestad.

La mansedumbre y la majestad de Jesús. Desearía poder escribir un himno o componer música acerca de esto. ¿Dónde más se pueden encontrar reunidas majestad y mansedumbre?

La mansedumbre era su humanidad. La majestad era su deidad. Están eternamente unidas en Él. Tan manso que amamantó del pecho de su madre, lloró como cualquier bebé, y necesitó recibir los cuidados que requiere todo niño.

Sin embargo, también era Dios y, en su majestad, se paró delante de Herodes y delante de Pilato. Cuando Él vuelva, descendiendo del cielo, será en su majestad, la majestad de Dios. Vendrá también en la majestad del Hombre que es Dios.

Este es nuestro Señor Jesucristo. Delante de sus enemigos se levanta en majestad. Delante de sus amigos viene en mansedumbre.

A cada hombre y cada mujer se le da la opción de escoger qué lado desea encarar. Si no quiere el lado manso de Jesús, tendrá que conocer su lado majestuoso.

Cuando Jesús estuvo sobre la tierra, los niños se le acercaban. Los enfermos y los pecadores venían a Él. El hombre endemoniado acudió a Él. Los que reconocían su necesidad venían de todas partes y lo tocaban, y descubrieron que era tan manso que su poder los alcanzaba y los sanaba.

Cuando aparezca de nuevo a los hombres, lo hará en su majestad. En su majestad real. Confrontará el orgullo, el engaño y la autosuficiencia de la humanidad, porque la Biblia dice que toda rodilla se doblará y toda lengua confesará que Él es Señor y Rey.

Conocerlo realmente es amarlo y adorarlo.

Como pueblo de Dios, a menudo estamos tan confundidos que tenemos la reputación de pobre, torpe e incompetente pueblo de Dios. Eso debe ser cierto respecto a un gran número de nosotros, dado que siempre pensamos que la adoración es algo limitado a la actividad de la iglesia.

La llamamos la casa de Dios. La hemos dedicado a Él. Así que perpetuamos la idea confusa de que ese es el único lugar donde se puede adorar a Dios.

Venimos a la casa de Dios, hecha de ladrillo y madera, recubierta de alfombras. Estamos acostumbrados a oír el llamado a la adoración: "El Señor está en su santo templo, arrodillémonos delante de Él".

Eso es el domingo y en la iglesia. ¡Muy lindo!

Pero pronto llega la mañana del lunes. El cristiano laico va a su oficina. El maestro cristiano va al salón de clases. La madre cristiana está ocupada con sus labores del hogar.

El lunes, cuando emprendemos nuestros diferentes deberes y tareas, ¿somos conscientes de la presencia de Dios? El Señor aún desea estar en su santo templo, dondequiera que estamos. Él quiere el amor y el deleite continuo de sus hijos, en todo lugar donde trabajamos.

Ciertamente es hermoso que un hombre de negocios entre en su oficina el lunes en la mañana con un llamado interior a adorar: "El Señor está en mi oficina, que todo el mundo calle delante de Él".

Si no puedes adorar al Señor en medio de tus responsabilidades del lunes, ¡es poco probable que lo hayas adorado el domingo!

De hecho, ninguno de nosotros puede engañar a Dios. Por tanto, si estamos tan ocupados en nuestros afanes del sábado que estamos lejos de su presencia y somos ajenos al sentir de adoración el sábado, no estamos en buena disposición para adorar a Dios el domingo.

Supongo que muchas personas tienen la idea de encerrar a Dios en una caja. Él solo está en el santuario de la iglesia, y cuando nos vamos y regresamos a casa, nos queda la sensación borrosa y nostálgica de dejar a Dios en esa gran caja.

Tú sabes que eso no es cierto, pero ¿qué estás haciendo al respecto?

Dios no está encerrado en un edificio, como tampoco lo está en tu auto ni tu casa u oficina donde trabajas.

La exhortación más vehemente de Pablo para los cristianos en Corinto es tan válida para nuestras vidas hoy como lo fue en el momento en que la lanzó:

¿No sabéis que sois templo de Dios, y que el Espíritu de Dios mora en vosotros? Si alguno destruyere el templo de Dios,

Dios le destruirá a él; porque el templo de Dios, el cual sois vosotros, santo es (1 Co. 3:16-17).

Si no conoces la presencia de Dios en tu oficina, tu fábrica, tu casa, Dios no está en la iglesia cuando estás allí.

Yo me hice cristiano cuando era joven y trabajaba en una de las fábricas de neumáticos en Akron, Ohio. Recuerdo mi trabajo allí. También recuerdo mi adoración allí. Muchas veces tenía lágrimas de adoración en mis ojos. Nadie me preguntó jamás por qué lloraba, pero no hubiera dudado en explicarlo.

No existe una adoración completamente agradable a Dios si hay en mí algo que desagrada a Dios.

Es posible aprender a usar ciertas habilidades hasta que se vuelven automáticas. Yo me volví tan hábil que podía hacer mi trabajo y, al mismo tiempo, adorar a Dios aun mientras tenía mis manos ocupadas.

He llegado a creer que cuando adoramos, incluso mientras trabajas allá en la fábrica, si el amor de Dios está presente y el Espíritu de Dios inspira alabanza en tu interior, de repente todos los instrumentos musicales del cielo tocan en respaldo total.

Pues bien, he constatado que la totalidad de nuestra vida, de nuestra actitud como personas, debe dirigirse a la adoración de Dios.

¿Qué hay en ti que te impulsa a adorar a Dios? Fe, amor, obediencia, lealtad, vida, todos te impulsan a adorar a Dios. Si hay algo en ti que rehúsa adorar, no hay nada en ti que adore bien a Dios.

Tú no adoras a Dios como deberías si tienes tu vida dividida en compartimentos de tal modo que algunas áreas adoran y otras no.

Este puede ser un gran engaño, creer que la adoración solo ocurre en la iglesia o en medio de una peligrosa tormenta, o rodeados de belleza natural exótica y sublime. ¡He estado con algunos hombres que se volvieron muy espirituales cuando se pararon en el borde de un imponente acantilado!

De vez en cuando estamos en un lugar donde alguien empieza a gritar "¡Viva Jesús!" o alguna otra expresión cursi.

Hermano o hermana, si somos hijos de Dios, creyentes a quienes el Espíritu Santo nutre constantemente de gozo, deleite y asombro, no hace falta una tormenta en la montaña para demostrarnos cuán glorioso es en realidad nuestro Señor.

Es engañoso pensar que sentirnos de repente poéticos y comunicativos en presencia de una tormenta, de las estrellas o del espacio no significa que seamos espirituales. Basta recordarte que los borrachos, los tiranos y los criminales también pueden experimentar esa clase de sentimientos "sublimes". No pensemos que son adoración.

Yo no puedo ofrecer adoración que agrade a Dios completamente cuando sé que albergo en mi vida cosas que le desagradan. No puedo adorar verdaderamente y con gozo a Dios el domingo, y no adorarlo el lunes. No puedo adorar a Dios con una canción alegre el domingo y luego desagradarle en mis negocios el lunes y el martes.

Repito cuál es mi concepto de la adoración: *No existe una adoración completamente agradable a Dios si hay en mí algo que desagrada a Dios.*

¿Te parece un concepto muy desalentador?

Permíteme decir que, si me escuchas un poco más, recibirás aliento en el Espíritu, pero nunca he sido propenso a animar a las personas en la carne.

Nunca he tenido mucha fe en las personas, como tales. Respeto las buenas intenciones que tienen las personas. Sé que tienen buenas intenciones, pero en la carne son incapaces de cumplirlas. Esto sucede porque somos pecadores y todos estamos en problemas, hasta que encontramos en Jesucristo la fuente de victoria, gozo, y bendición.

Nada hay en nosotros que pueda volverse bueno a menos que Jesucristo venga y nos cambie, es decir, que Él viva en nosotros y que una nuestra naturaleza con Dios, el Padre Todopoderoso. Solo entonces podemos llamarnos buenos.

Por eso digo que nuestra adoración debe ser total. Debe involucrar la totalidad de tu ser. Por eso debes prepararte para adorar a Dios, y esa preparación no siempre es placentera. Puede exigir cambios revolucionarios en tu vida.

A fin de que haya adoración verdadera y bendecida, algunas cosas en tu vida deben ser destruidas, eliminadas. El evangelio de Jesucristo es ciertamente positivo y constructivo. Sin embargo, debe ser destructivo en ciertas áreas, alterar y destruir ciertos elementos que no pueden permanecer en una vida que busca agradar a Dios.

Siempre han existido personas que profesan ser cristianas que arguyen: "Yo adoro en el nombre de Jesús". Parecen creer que la adoración a Dios es una fórmula. Parecen pensar que hay algún tipo de magia cuando se menciona el nombre de Jesús.

Estudia cuidadosamente la Biblia con la ayuda del Espíritu Santo, y descubrirás que el nombre y la naturaleza de Jesús son una. No basta con saber cómo pronunciar el nombre de Jesús. Si hemos llegado a ser como Él en su naturaleza, si estamos en posición de pedir conforme a su voluntad, Él nos dará las cosas buenas que deseamos y necesitamos. No adoramos solamente en nombre. Adoramos a Dios como resultado de un nacimiento de lo alto en el que a Dios le ha placido darnos más que un nombre. Él nos ha dado una naturaleza transformada.

Pedro expresó esta verdad en los siguientes términos: "por medio de las cuales nos ha dado preciosas y grandísimas promesas, para que por ellas llegaseis a ser participantes de la naturaleza divina, habiendo huido de la corrupción que hay en el mundo a causa de la concupiscencia" (2 P. 1:4).

Si Dios sabe que tu intención es adorarlo con cada parte de tu ser, Él ha prometido ayudarte en tu esfuerzo.

¿Por qué engañarnos a nosotros mismos acerca de cómo agradar a Dios en la adoración? Si vivimos como un vagabundo mundano y carnal todo el día, y luego a media noche enfrento un momento de crisis, ¿cómo oro a un Dios que es santo? ¿Cómo dirigirme a Aquel que me manda adorarlo en espíritu y en verdad? ¿Me arrodillo y clamo el nombre de Jesús porque creo que hay algún tipo de magia en ese nombre?

Si yo sigo siendo ese vagabundo mundano y carnal, sufriré decepción y desilusión. Si no practico en mi vida el verdadero significado de su nombre y de su naturaleza, no puedo orar en ese nombre como corresponde. Si no estoy viviendo en su naturaleza, no tengo derecho alguno de orar en esa naturaleza.

¿Cómo podemos esperar adorar a Dios de manera aceptable cuando estos elementos de maldad persisten en nuestra naturaleza indisciplinada que no ha sido corregida, limpiada, purificada? Es cierto que un hombre con rasgos de maldad en su naturaleza podría con alguna parte de su ser adorar a Dios de una manera medianamente aceptable. Con todo, ¿de qué manera vive y continúa?

"Quiero vivir en tus pensamientos –ha sido el mensaje de Dios-. Que tus pensamientos sean un santuario en el que puedo morar".

No me hace falta cometer alguna maldad para sentir una convicción tenaz y arrepentimiento. Puedo perder la comunión con

Dios, el entusiasmo de su presencia y la bendición de la victoria espiritual por pensar mal.

He descubierto que Dios no va a morar en pensamientos maliciosos y corrompidos. Él no va a morar en pensamientos lujuriosos y codiciosos. Él atesora nuestros pensamientos puros y amorosos, nuestros pensamientos caritativos y amables. Estos son pensamientos como los suyos.

Conforme Dios habita en tus pensamientos, tú adorarás y Él aceptará tu adoración. Olerá el incienso de tu noble intención aun cuando los afanes de la vida no den tregua y haya un sin fin de quehaceres.

Si Dios sabe que tu intención es adorarlo con cada parte de tu ser, Él ha prometido ayudarte en tu esfuerzo. Él provee amor y gracia, las promesas y la expiación, la ayuda constante y la presencia del Espíritu Santo.

Tú aportas determinación, búsqueda, rendición, fe. Tu corazón se vuelve una morada, un santuario, un lugar sagrado donde es posible experimentar una comunión continua e inquebrantable con Dios. Tu adoración exalta a Dios a cada instante.

Dos de los grandes sermones de Spurgeon fueron "Dios en el silencio" y "Dios en la tormenta". El corazón que conoce a Dios puede hallarlo en cualquier parte. Spurgeon afirma que una persona llena del Espíritu de Dios, que ha tenido un encuentro vivo con Dios, puede experimentar el gozo de adorarlo, ya sea en los silencios o en las tormentas de la vida. Estoy de acuerdo con eso.

En realidad, no hay discusión. Sabemos lo que Dios quiere que seamos. ¡Él quiere que seamos adoradores!

ADORAR A NUESTRO AMADO

Las muchas aguas no podrán apagar el amor, ni lo
ahogarán los ríos. Si diese el hombre todos los bienes
de su casa por este amor, de cierto lo menospreciarían.

CANTARES 8:7

Nuestro Señor Jesucristo es el pastor. Esto ha creído la iglesia desde el principio. Y la iglesia redimida es la hermosa novia. Y en un momento de angustia ella dice a las hijas de Jerusalén: "Yo os conjuro, oh doncellas de Jerusalén, si halláis a mi amado, que le hagáis saber que estoy enferma de amor" (Cnt. 5:8). Y ellas le responden con una pregunta: "¿Qué es tu amado más que otro amado, oh la más hermosa de todas las mujeres? ¿Qué es tu amado más que otro amado, que así nos conjuras?".

Ella les respondió: "Su paladar [es] dulcísimo, y todo él codiciable. Tal es mi amado, tal es mi amigo, oh doncellas de Jerusalén" (v. 16).

Y a la pregunta "¿Qué es tu amado más que otro amado?", David responde en el Salmo 45: "Eres el más hermoso de los hijos de los hombres; la gracia se derramó en tus labios; por tanto, Dios te ha bendecido para siempre. Ciñe tu espada sobre tu muslo, oh valiente, con tu gloria y con tu majestad. En tu gloria sé prosperado; cabalga sobre palabra de verdad, de humildad y de justicia (vv. 2-4). Y continúa describiéndolo con lo que él llama "palabra buena" (v. 1) dirigida al rey. Su pluma es pluma de escribiente muy ligero. Su lengua es pluma de escribiente muy ligero.

Pedro se levanta aún más que todos ellos juntos, y simplemente dice en una pincelada: "Él es Señor de todos" (Hch. 10:36).

Ese es nuestro amado. Es Él para quien hemos nacido con el propósito de adorarlo. Es Aquel a quien Dios nos manda adorar. Y recordemos de qué es Señor.

Él es Señor de la sabiduría, y en Él está escondida toda la sabiduría y todo el conocimiento. Están escondidos. Y todos los propósitos eternos le pertenecen. En virtud de su sabiduría perfecta, Él tiene la facultad de mover las fichas del tablero del universo y aún más allá del tablero del tiempo y la eternidad, haciendo que todo salga bien.

No me importa decirte, querido pueblo de Dios, que, si todo mi conocimiento de cristianismo fuera lo que oigo en estos días, dudo que me interesaría. No creo que me interesaría mucho el Cristo que siempre trata de sacar algo de mí. Siempre hay algo. No lo tienes, y Él lo tiene, y acude a Él y ahora lo tienes. Pues bien, eso es parte de la Biblia, por supuesto, pero es el aspecto más rudimentario. El aspecto más elevado es Quién es Él, y a Quién estamos llamados a adorar.

¿Qué es tu amado?

El pasaje no menciona en absoluto lo que él tenía para ella. Se menciona únicamente el hecho de que él era algo. Ella lo describió en un lenguaje que podía parecer indiscreto en la forma apasionada de expresarlo. ¿Qué es tu amado? Ella dijo: "Mi amado es blanco y rubio, señalado entre diez mil. Su cabeza como oro finísimo; sus cabellos crespos, negros como el cuervo. Sus ojos, como palomas junto a los arroyos de las aguas, que se lavan con leche, y a la perfección colocados. Sus mejillas como una era de especias aromáticas, como fragantes flores; sus labios, como lirios que destilan mirra fragante. Su paladar, dulcísimo, y todo él codiciable".

> En virtud de su sabiduría perfecta, Él tiene la facultad de mover las fichas del tablero del universo.

Y ella no dijo: "¿Acaso no saben por qué lo amo? Porque cuando estoy cansada, él me da descanso. Cuando tengo miedo, él me da seguridad. Y cuando quiero un trabajo, él me lo consigue. Y cuando quiero un auto más grande, se lo pido. Cuando quiero tener salud, él me sana". No, Él ayuda a su pueblo, ¡y yo lo creo! Un joven oró durante un año por un auto, y Dios se lo dio. Yo creo en eso. Creo que Dios hace esas cosas por las personas.

En los primeros años de mi ministerio, si yo no hubiera sido capaz de orar por esas cosas, me habría muerto de hambre. Y no solo eso, habría arruinado a mi esposa juntamente conmigo. Así que creo en la oración respondida, claro que sí. Pero eso no es todo. Esa es la porción más básica de la Biblia.

Él es el Señor de toda sabiduría. Y Él es el Señor, el Padre de las eras eternas. No el "Padre Eterno" (Is. 9:6) como dicen varias versiones de la Biblia, sino el Padre de las eras eternas. Él ordena las eras como un arquitecto ordena sus planos. Él dispone las eras como un planeador urbano traza los planos de un pueblo y luego construye. Él los traza y luego construye allí cientos de casas. Él no se encarga de la construcción en sí, ni de su desarrollo, sino que trabaja directamente con los agentes. Y Él es el Señor de toda sabiduría, y puesto que Él es perfecto en sabiduría, es poderoso para hacer todo esto. Y, como ves, la historia es el desarrollo lento de sus propósitos.

Consideremos una casa que está en proceso de construcción. El arquitecto ha trazado hasta el mínimo detalle y coordenada. Él sabe todo acerca de ella, y ha escrito su nombre en la parte inferior de los planos, y se los ha entregado al contratista, y él a su vez lo pasa al electricista, al plomero, y a todos los demás. Y de vez en cuando pasas por la construcción y comentas: "Me pregunto qué va a ser todo eso… es un caos en este momento. Ahí están. Con una excavadora de vapor están perforando un agujero y arrojan la tierra en la zanja, o se la llevan en camiones. Y allá están descargando ladrillos. Es una confusa aglomeración de toda clase de cosas".

Y te dices: "¿Qué es esto?". Y cuando regresas al cabo de seis, ocho, o diez meses, ves una casa encantadora. Incluso han pasado por allí los diseñadores de jardines, y hay árboles que acarician con sus verdes puntas las ventanas, y es un hermoso espectáculo. Y hay un niño que juega sobre el césped.

Pues bien, te pido que creas, amigo mío, que el Padre de las eras eternas, el Señor de toda sabiduría, ha diseñado sus planos y está trabajando por ejecutarlos. Y tú y yo pasamos y vemos una iglesia toda confundida, y la vemos dolida, angustiada a causa de las divisiones, hecha pedazos por la herejía. La vemos recayendo en una parte del mundo, la vemos confundida en otra parte, y nos encogemos de hombros y decimos: "¿Qué es, a fin de cuentas, mi amado? ¿Qué es todo esto?".

Y la respuesta es: Él es el Señor de las eras y de la sabiduría, y Él ha dispuesto ya todo. Lo que ves ahora es solo la excavadora de vapor trabajando. Eso es todo. No es más que el camión descargando ladrillos. Eso es lo que estás viendo. Solo estás viendo hombres en overol que van de un lado a otro, matando el tiempo. Eso es todo lo que ves. Apenas ves gente, y la gente te desagrada por como están las cosas. La forma como retrocedemos y tropezamos por doquier, y vivimos confundidos y corremos tras hilos de humo creyendo que son la gloria Shekinah, y oímos a un búho ulular y creemos que es la trompeta de plata, y corremos en la dirección equivocada, y gastamos un siglo recuperándonos y dando marcha atrás, y la historia se ríe de nosotros.

Pero no estés tan seguro, hermano. Regresa en un milenio o algo así, y mira lo que el Señor de toda sabiduría ha hecho con lo que había. Mira entonces lo que Él ha hecho. Él es el Señor de toda sabiduría, y la historia es el desarrollo gradual de sus propósitos.

> Él es el Señor de toda sabiduría, y la historia es el desarrollo gradual de sus propósitos.

Él es el Señor de toda justicia. ¿Sabes qué? Me alegra estar aferrado a algo bueno, tener la certeza de que hay algo bueno en algún lugar del universo. Me resultaría imposible ser ingenuo. Yo no nací así. Tendría que haber tenido otros padres, y ancestros diferentes por lo menos diez generaciones atrás para haber sido un Napoleón, un filósofo ingenuo que cree que todo es bueno, y yo no puedo creer eso. Yo no creo que sea cierto. Por todas partes hay demasiadas cosas que no están bien, y bien podríamos admitirlo. Si no lo crees, deja tu auto sin seguro a ver qué pasa.

Por otro lado, tenemos a los fariseos que se creen justos, y no lo son. No son más que hipócritas pretensiosos. Y tenemos políticos que mienten y hacen toda clase de promesas que no planean cumplir, y el único honesto que he conocido en toda mi vida ha sido

Wendell Willkie. Cuando alguien lo confrontó por las promesas que hizo durante una campaña, él dijo: "Esas eran promesas de campaña nada más". Él fue el único que conozco que fue lo bastante honesto para reconocer que había mentido para ser elegido. No fue elegido, pero de todos modos mintió y lo reconoció, y eso es algo.

No hay justicia por ninguna parte. Si tú crees que no es así, súbete a un autobús en algún lugar donde haya una multitud, y te darás cuenta de que, sin importar cuán viejo o débil seas, te lastimarán una o dos costillas, o al menos te dará codazos alguna ama de casa que quiere subirse. Te deseo suerte en tu búsqueda. Simplemente no somos buenos. La gente no es buena.

Entre las primeras cosas que aprendemos a hacer, se trata de algo malo, y algo mezquino. El pecado está por todas partes. Yo quiero formar parte de algo bueno. Tú dices: "Pues yo soy estadounidense". Yo también soy estadounidense, y no me costó un céntimo volverme estadounidense. Le costó a mi padre un poco, y a mi madre, pero no me costó a mí un centavo. Soy estadounidense y nunca seré otra cosa. Y cuando me entierren, habrá un poquito de los Estados Unidos, como dijo el poeta: "dondequiera que me pongan". Pero sería absurdo creer en la justicia total de los Estados Unidos de América. ¿No lo crees? Tendrías que ser un tonto. Ese nido de buitres allí en Washington. Dios los bendiga. No hay diferencia alguna entre republicanos o demócratas. Algunos son unos estafadores y aunque tienen buenas intenciones, son la raza caída de Adán y están haciendo lo mejor que pueden. Probablemente nosotros lo haríamos peor. Solo podemos orar por ellos y pedir a Dios que tenga misericordia de ellos. Pero nada más.

Si tratas de encender la radio y buscar algo educativo o cultural, lo único que encuentras es canciones sobre autos y cigarrillos. No es un buen mundo el que vivimos. Es un mundo malo. Y puedes volverte protestante, pero eso no ayuda mucho. Y puedes volverte estadounidense o ser un estadounidense, pero eso tampoco ayuda mucho. En cambio, cuando te aferras al Señor de gloria, te conectas con algo que realmente es justo. No algo ingenuo, sino algo verdaderamente justo. Él es la justicia misma. La idea misma de justicia y toda posibilidad de justicia se condensan en Él.

> **Cuando te aferras al Señor de gloria, te conectas con algo que realmente es justo.**

Porque como dice David, bajo el sol:

> Tu trono, oh Dios, es eterno y para siempre;
> Cetro de tu justicia es el cetro de tu reino.
> Has amado la justicia y aborrecido la maldad;
> Por tanto, te ungió Dios, el Dios tuyo,
> Con óleo de alegría más que a tus compañeros
> (Sal. 45:6-7).

Tenemos aquí, pues, un Salvador que es perfectamente justo. Examinaron todos sus pasos, enviaron al enemigo a escudriñar su vida. ¿Puedes imaginarte que el pie de Jesús hubiera resbalado una sola vez, incluso a futuro? ¿Puedes imaginar que Jesús hubiera perdido los estribos una vez? ¿O si Jesús hubiera sido egoísta una vez? ¿Puedes imaginar que Jesús hubiera hecho, siquiera una vez, algo que a ti y a mí nos parece de lo más natural? ¿Puedes imaginar cómo todos los ojos del infierno con su mirada malvada y penetrante lo seguían tratando de atraparle en alguna ofensa que saliera de su boca? Y cuando había llegado casi al final de sus días, Él se dirigió a ellos y dijo: "¿Quién de vosotros me redarguye de pecado? Pues si digo la verdad, ¿por qué no me creéis?" (Jn. 8:46).

La justicia era suya, y Él es el Sumo Sacerdote. Y si buscas en el Antiguo Testamento, encontrarás que, cuando el sumo sacerdote entraba en el lugar santísimo, llevaba sobre su hombro y su pecho ciertos objetos según se había prescrito y en su frente llevaba una mitra. Y ¿quién sabe qué decía en esa mitra? Santidad al Señor. Él decía lo mejor que podía decir. Aquel hombre tenía que ofrecer sacrificio incluso por sí mismo. Pero lo que intentaba decir era una figura de lo que se ha cumplido de hecho: cuando viniera el Sumo Sacerdote que está por encima de todos los sumos sacerdotes, llevaría sobre su frente la santidad al Señor. Y cuando ellos, para burlarse, clavaron esa corona de espinas en su frente, si hubieran tenido ojos de profeta, habrían podido ver allí la mitra. Santidad al Señor. Él es el Señor de toda justicia.

Él es Señor de toda misericordia, porque Él establece su reino con los rebeldes que Él mismo ha recuperado. Él los redimió y pagó por ellos, y Él renueva en su interior un espíritu recto. Cada miembro de su reino es un rebelde redimido.

¿Sabes lo que pensamos acerca de las personas que han traicionado un país? Difícilmente los perdonamos. Puede que los perdonemos, pero los miramos con recelo. Aquellos que han caído, como algunos que han espiado para el comunismo, o al menos han apoyado la causa comunista y después han abierto sus ojos y se han apartado de ello, se presentaron ante el FBI y confesaron, siguieron y enderezaron sus vidas. Pero incluso a ellos los miramos con cierta desconfianza. Sin embargo, ¿te has detenido a pensar que Jesucristo no tiene un solo miembro de su reino que no fuera antes un rebelde y un espía para el enemigo? Está mal para un hombre en Washington, en Oak Hill o en la Universidad de Chicago guardar secretos y contárselos al enemigo. Eso está mal, y por eso los condenan a la pena capital. ¡Cuánto más grave será estar de lado del enemigo contra el Señor de gloria, como lo están los pecadores! Y no lo olvides: todos los pecadores lo están.

Por eso sonrío cuando veo a un diácono anciano y satisfecho consigo mismo, sentado con sus manos cruzadas como una estatua de San Francisco de Asís. En efecto, es un hombre muy piadoso, y es muy consciente de ello. "Muy bien, diácono Jones, ¿acaso no sabe lo que era usted? ¡Usted era un rebelde y un espía! Y usted vendió los secretos del reino de Dios y colaboró con el enemigo, y vivió para derrocarlo". Eso somos todos, y no hay uno solo de nosotros que esté exento. Si eso no te gusta, no eres un teólogo. Y si conocieras tu Biblia, estarías de acuerdo conmigo, porque eso es lo que éramos todos. Pero misericordia, ¡oh, la misericordia, Señor de toda misericordia!

A veces quiero predicar un sermón sobre la misericordia. No creo que lo haga. Yo, por supuesto, la he mencionado a lo largo de toda mi predicación, pero piensa en la misericordia del Señor Jesucristo. Él es el Señor de toda justicia, y nosotros somos malos, pero Él es también el Señor de toda misericordia. Así que, en su gran bondad, Él recibe a las personas rebeldes e injustas, pecadoras, y las hace pueblo suyo. Él las afirma en su justicia y renueva un espíritu recto dentro de ellas. De esa manera tenemos una iglesia. Ellas forman juntas una célula, una compañía de creyentes, y Él es su Señor.

Él es el Señor de todo poder. Medita en este pasaje de las Escrituras:

> Después de esto oí una gran voz de gran multitud en el cielo, que decía: ¡Aleluya! Salvación y honra y gloria y poder son

Él es Señor de toda misericordia, porque Él establece su reino con los rebeldes que Él mismo ha recuperado.

del Señor Dios nuestro; porque sus juicios son verdaderos y justos; pues ha juzgado a la gran ramera que ha corrompido a la tierra con su fornicación, y ha vengado la sangre de sus siervos de la mano de ella. Otra vez dijeron: ¡Aleluya! Y el humo de ella sube por los siglos de los siglos. Y los veinticuatro ancianos y los cuatro seres vivientes se postraron en tierra y adoraron a Dios, que estaba sentado en el trono, y decían: ¡Amén! ¡Aleluya! (Ap. 19:1-4).

Aquí no vemos histeria sino una gran euforia. "Y salió del trono una voz que decía: Alabad a nuestro Dios todos sus siervos, y los que le teméis, así pequeños como grandes" (v. 5).

Y luego [me imagino a] Juan diciendo: "Valdría la pena quedarse encerrado en una mina de sal en la isla de Patmos para tener una visión como esa, ¿no creen?". En realidad, sí. Se dice que lo tuvieron en una mina de sal allá en la isla de Patmos. Ese hombre que vivía de la pesca en mar abierto, que recorría las playas arenosas y olía el aire fresco, estaba ahora en una mina. Es un lugar oscuro, y de repente el Señor lo lleva en el espíritu al día del Señor, y él oye una voz que dice: "Gocémonos y alegrémonos y démosle gloria; porque han llegado las bodas del Cordero, y su esposa se ha preparado" (v. 7).

Y este es el cantar de los cantares del Nuevo Testamento:

Y a ella se le ha concedido que se vista de lino fino, limpio y resplandeciente; porque el lino fino es las acciones justas de los santos. Y el ángel me dijo: Escribe: Bienaventurados los que son llamados a la cena de las bodas del Cordero. Y me dijo: Estas son palabras verdaderas de Dios. Yo me postré a sus pies para adorarle. Y él me dijo: Mira, no lo hagas; yo soy consiervo tuyo, y de tus hermanos que retienen el testimonio de Jesús. Adora a Dios; porque el testimonio de Jesús es el espíritu de la profecía. Entonces vi el cielo abierto (vv. 8-11).

"Vi el cielo abierto", al igual que Moisés, Isaías, y Ezequiel, y Juan, y yo estoy esperando.

Y he aquí un caballo blanco, y el que lo montaba se llamaba Fiel y Verdadero, y con justicia juzga y pelea. Sus ojos eran como llama de fuego, y había en su cabeza muchas diademas; y tenía un nombre escrito que ninguno conocía sino él mismo. Estaba vestido de una ropa teñida de sangre; y su nombre es: EL VERBO DE DIOS (vv. 11-13).

Ahí tenemos a este victorioso Señor Jesucristo, el Señor de todo poder. Como sabes, el pecado ha dejado una marca en el mundo. Aquí de vuelta en el estado de Pennsylvania hacen lo que denominan "minería a cielo abierto", y me enojé en mi corazón cuando vi lo que habían hecho a nuestras bellas colinas de Pennsylvania. Esos perros llenos de avaricia fueron y con su gran maquinaria arrancaron el verde follaje, descendieron hasta las entrañas de las hermosas laderas, y extrajeron carbón barato. Todo por un puñado de dinero. Y el gobierno dice: "Cuando se extrae mediante minería a cielo abierto, hay que rellenar el terreno, o se tendrá que pagar $100 de multa por cada acre". Y ellos hacen un gesto y dicen: "Va a costar más de $100 por acre rellenarlo". ¡Así que pagan su multa y lo dejan así!

Cuando regresé este verano, pasé por aquel lugar de antaño. Hace cuatro o cinco años estaba allí como un hombre herido, arrasado y feo. En los días de mi infancia fue un paisaje hermoso de contemplar; árboles verdes en contraste con el cielo azul. Pero había quedado marcado. Y ellos pagaron la multa porque era más barato que cumplir su promesa. Dejaron todo así, aquella hermosa ladera, toda saqueada, cortada, herida. No obstante, cuando regresé el verano pasado, podría haber llorado al ver con cuánta bondad la Madre Naturaleza se había puesto a la tarea de recuperación. Allí donde cuatro o cinco años antes no había más que un horrible foso, ahora el sol, la lluvia, el viento y las olas que he visto descender tantas veces sobre esa ladera habían empezado a hacer brotar las flores. Yo no sabía que estaban allí. Y ahora la naturaleza cubre sus heridas, sus cicatrices, su fealdad.

Dios hizo el mundo hermoso, y si sales y lo vuelves feo, Dios, en cinco años, volverá a hacerlo hermoso. La raza humana es fea, a pesar de haber sido hecha a imagen de Dios. Tiene belleza potencial, pero es fea en su pecado. Yo creo, hermanos míos, que el lugar más feo en el universo es el infierno. Y cuando alguien dice "feo como el infierno", usa una comparación válida, porque no hay nada más feo que el infierno. Sin duda, el infierno es el lugar más feo del universo. Es con su fealdad que se pueden comparar todas las demás fealdades, y seguramente el cielo es el lugar más hermoso, el lugar de belleza suprema… La paz de todos los fieles y la calma de todos los benditos sin mancha, y todo lo divino en toda su extensión estará allí. Así como el infierno es el lugar más horrible en el universo, el cielo es, con toda seguridad, el lugar más hermoso, porque toda armonía estará allí, toda fragancia y todo su encanto.

Sin embargo, entre el cielo, que es la representación de toda belleza suprema, y el infierno, que es la esencia de toda fealdad, yace el mundo herido y pobre. El pobre planeta yace como una mujer agonizante, vestida de harapos cuando su belleza original hubiera podido mantenerse y ser admirada por los siglos. Ahora el pecado la ha derribado, y está andrajosa y desgarrada. Desde el Nilo hasta el Mississippi, desde California hasta Bangkok, desde

ADORAR A NUESTRO AMADO

el Polo Norte hasta el Polo Sur, dondequiera que van los seres humanos, encontramos más fealdad y pecado, odio y sospecha, insultos y todo lo demás. Y la hermosa raza que el Señor creó para que fuera su novia ahora yace agonizante en su lastimosa fealdad. Sin embargo, Jesucristo, el Señor de misericordia, vino a salvarla, y se vistió de su misma carne humana, y tomó la semejanza de hombre, y por causa del pecado se entregó a sí mismo para morir. Y habrá una restauración.

Hace unos años leí aquel gran libro. Supongo que es uno de los libros más célebres de su categoría que se haya escrito, una gran obra de Victor Hugo. En ese libro, hay uno de los pasajes más tristes y dulces que me parece haber leído jamás en toda la literatura. Tendrías que buscar en la Biblia para encontrar algo tan profundo y conmovedor.

Había un hombre joven, de la clase alta, de la nobleza, y la mujer a la que amaba. Y en medio, una pobre niña de las calles de París que, con sus harapos, su cara pálida y consumida por la tuberculosis, también lo amaba sin atreverse a decírselo. Él la usaba para llevar y traer mensajes. Y este sujeto nunca se imaginó que esa pobre niña de tez amarillenta y vestida de harapos se había enamorado de él y de su nobleza. Al cabo de un tiempo, fue él a buscarla y a ver qué podía hacer para ayudarla, y la encontró acostada en una cama andrajosa en un departamento de los barrios deprimidos de París. Esa vez, ella no pudo ponerse de pie ni llevarle un mensaje a su prometida.

Él le dice: "¿Qué puedo hacer por ti?". Y ella responde: "Estoy muriendo, y en poco tiempo me iré". Él dijo: "¿Qué puedo hacer?". Y ella dijo: "¿Harías una cosa por mí antes de que cierre mis ojos por última vez? Cuando muera, ¿podrías besar mi frente?".

Yo sé que eso fue la brillante imaginación de Victor Hugo, pero también algo que había visto en París. Él había recorrido las alcantarillas y lo había visto antes. Él conocía bien la miseria, y sabía que es posible destruir a una niña, vestirla de harapos, plagarla de tuberculosis y dejarla tan delgada que el viento la arrastre por las calles sucias. Pero no puedes arrancarle su corazón. Eso que la hace anhelar amar a un hombre, eso no se puede arrebatar. Dios dijo a Adán: "No puedes estar solo. Eso no está bien". Y Él hizo para él una mujer. Es imposible arrebatar eso. Victor Hugo lo sabía, y lo plasmó en su obra.

Rara vez cito pasajes de ficción, pero me pareció que valía la pena. Mis queridos amigos, nuestro Señor Jesucristo descendió y encontró una raza en el mismo estado; una humanidad tuberculosa, pálida, agonizante. Él llevó toda su muerte y se levantó al tercer día, y venció todo el sufrimiento y toda la miseria, y ahora ella camina tomada del brazo de su Amado, caminando en la presencia de Dios. Él la presenta, no como aquella frente pobre, mísera y solitaria que besó cuando ella estaba muerta, sino como su novia de ojos radiantes y felices, lista para ser partícipe de los santos en luz…

"Inclínate a él, porque él es tu Señor" (Sal. 45:11).

FUENTES

Capítulo 1: ¿Qué pasó con nuestra adoración?
A. W. Tozer, *Whatever Happened to Worship: A Call to True Worship* (Chicago: Christian Publications, 1985; edición reimpresa y revisada, WingSpread, 2012), pp. 9-20.

Capítulo 2: Le hemos fallado a Dios
Whatever Happened to Worship, pp. 85-95.

Capítulo 3: Nuestra razón de existir
A. W. Tozer, "A Definition of Worship" (sermón, Southside Alliance Church, Chicago, 20 de octubre de 1957).

Capítulo 4: La verdadera adoración requiere el nuevo nacimiento
Whatever Happened to Worship, pp. 21-32.

Capítulo 5: La adoración como Él quiere
A. W. Tozer, "He is Lord, Worship Him" (sermón, Southside Alliance Church, Chicago, 22 de septiembre de 1957).

Capítulo 6: Adorar al que es majestuoso y manso
A. W. Tozer, "Worship the Lord of Glory and Meekness" (sermón, Southside Alliance Church, Chicago, 6 de octubre de 1957).

Capítulo 7: El asombro en la presencia de Dios
Whatever Happened to Worship, pp. 63-72.

Capítulo 8: La adoración genuina involucra los sentimientos
Whatever Happened to Worship, pp. 73-83.

Capítulo 9: Adorar como los serafines

A. W. Tozer, "The Worship of the Seraphim and Our Worship" (sermón, Southside Alliance Church, Chicago, 30 de septiembre de 1953).

Capítulo 10: Dios quiere que seamos adoradores

Whatever Happened to Worship, pp. 109-120.

Capítulo 11: Adorar a nuestro Amado

A. W. Tozer, "A Look at our Worship of God" (sermón, Southside Alliance Church, Chicago, 27 de octubre de 1957).

CULTURA

LA VIDA EN ESTE MUNDO COMO
CIUDADANOS DEL CIELO

A. W. TOZER

El significado de ser cristiano en un mundo que no tiene el más mínimo interés en Cristo.

En *Cultura*, A. W. Tozer lo dice de forma directa: seguir a Cristo hacia el cielo es darle la bienvenida al conflicto mientras estamos en este mundo. Dentro de estas páginas hay reflexiones sobre la verdadera naturaleza de la iglesia, el costo de seguir a Jesús, y la bendita esperanza de quienes van camino al cielo. La lectura de *Cultura* te ayudará e inspirará a vivir de manera mesurada, decidida y audaz en un mundo que preferiría verte conformarte tranquilamente a sus lineamientos.

JESÚS

LA VIDA Y EL MINISTERIO
DE DIOS HIJO

A. W. TOZER

Jesús: La vida y ministerio de Dios Hijo presenta selecciones de los escritos de Tozer sobre el Dios-Hombre, Jesucristo. El autor sigue la cronología de la vida terrenal de Cristo y explora temas clásicos de la cristología, permitiendo a los lectores comprender y apreciar mejor la persona y la obra de Jesús.

ORACIÓN

COMUNIÓN CON DIOS
EN TODO

A. W. TOZER

Oración combina lo mejor de Tozer sobre la oración en un solo volumen. Tozer estaba cautivado por la gran maravilla de Dios, y consideraba la oración como el medio principal para llegar a su presencia. Pero si nuestra vida cotidiana está llena de la esterilidad de las ocupaciones y no hay una urgencia seria de orar, perdemos la maravilla de ser conformados a la imagen de Cristo y de conocer a nuestro Dios más íntimamente: la verdadera vida cristiana.

EDITORIAL
PORTAVOZ

NUESTRA VISIÓN

Maximizar el efecto de recursos cristianos de calidad que transforman vidas.

NUESTRA MISIÓN

Desarrollar y distribuir productos de calidad —con integridad y excelencia—, desde una perspectiva bíblica y confiable, que animen a las personas a conocer y servir a Jesucristo.

NUESTROS VALORES

Nuestros valores se encuentran fundamentados en la Biblia, fuente de toda verdad para hoy y para siempre. Nosotros ponemos en práctica estas verdades bíblicas como fundamento para las decisiones, normas y productos de nuestra compañía.

Valoramos la excelencia y la calidad
Valoramos la integridad y la confianza
Valoramos el mérito y la dignidad de los individuos
   y las relaciones
Valoramos el servicio
Valoramos la administración de los recursos

Para más información acerca de nuestra editorial y los productos que publicamos visite nuestra página en la red: www.portavoz.com